# 一流飲食店のすごい戦略

1万1000軒以上食べ歩いた僕が見つけた、
また行きたくなるお店の秘密

見冨右衛門
（ミトミえもん）

CROSSMEDIA PUBLISHING

# はじめに

食べることは生きること。

人間にとっての「食」とは、単なる生存のためのエネルギー補給ではなく、五感を用いる文化的な活動です。その意味をもって、私は食べることは生きることなのだと、日々、感じています。

そんな文化的な活動を可能にしてくれているのが、世に数え切れないくらい存在する飲食店です。


そのなかでも、とりわけ「一流店」と称される飲食店があります。

必ずしも価格帯の高低とは関係なく、多くの人々の心をつかんで離さない。そういった飲食店が「一流」と呼ばれ、お客様が引きも切らず訪れるのは、いったいなぜなのでしょうか。

彼らは、決して、いながらにして一流店になったのではありません。

広く人々に知られるようになったことには偶然と必然、両方の作用がありますが、一流であり続けるところには、必ず「理由」があります。

料理の味だけではなく、1ミリのズレもないコンセプト設計から空間のデザイン、シェフの人柄やこだわり、そこにしかない付加価値や売れる仕掛けに至るまで、さまざまな要素によって一流店は成り立っているのです。

本書では、その理由を1つひとつ紐解いていきます。

扱っているのは飲食店ですが、要するに一流店の「売れている理由」の探求書である本書は、広義では「マーケティング本」です。売れている飲食店には、飲食に限らず、ビジネス全般におけるヒントが詰まっているので、飲食業に携わっていない方々にも、何かしらお役に立つ部分があれば幸いです。

また、次々と名店が登場する本書、食べることを愛する方々には、きっと「グルメ本」としてもお楽しみいただけるかと思います。

申し遅れました。見冨右衛門と申します。

新卒で入社した広告代理店勤務時代からグルメを一番の趣味とし、それが昂じてグルメをコンテンツとするビジネスを立ち上げてから早8年が経ちました。その間には、ZOZO創業者である前澤友作さんの「食のブレーン」にも就任しています。

私はほぼ毎日、昼食と夕食を外食します。1年で最低でも730軒、かなり少なく見積もっても、延べ1万1000軒あまりの飲食店で食事をしてきました。

自分自身がグルメを主軸とするビジネスを展開していることもあり、いい店に行けば、ただ「美味しいな」だけで終わることなく、やはり、どんな要素がこの店を形づくっているのか、その秘密に目を向けずにはいられません。

そして、そういう目で改めて観察し、一歩踏み込んだコミュニケーションをとってみると、必ず「一流といわれて納得」「売れて納得」の理由が見つかるのです。

つまり、延べ1万1000軒あまりを食べ歩き、飲食店のオーナーや料理人、ときには生産者の方々と交流し、好奇心を隠しもせず直に話を聞いてきた私の「食の実録」こそが、本書の最大のリソースというわけです。

また、本書は私から飲食店への恩返しの本でもあります。

飲食店という空間に身を置き、美味しい料理をいただく。これほど幸福感に包まれる瞬間はありません。

いつも食べる幸せを味わわせてくださって「ありがとうございます」という気持ちが、本書を書く一番の原動力だったといっても過言ではありません。

美味しいものが大好きな食いしん坊として、ひたすら「グルメ」をしてきた経験を、こうして1冊にまとめて世に出せることを幸せに思います。

本書が飲食に関わる方々、ビジネスのヒントを求めている方々にとって、少しでもヒントになり、また、より豊かな食体験の参考となれば、著者としてこれ以上の喜びはありません。

見冨 右衛門

## 第1章 日本の飲食業はもっと成功できる



## 第2章 お客様は「ストーリー」が大好物

# 第3章 付加価値が店のブランドを決定する!

## 第4章 「売れている店」には「売れる仕組み」があった！

## 第5章 飲食業のジレンマを解決しよう

# 第1章

# 日本の飲食業はもっと成功できる

# 飲食業は「イノベーションの未開拓地」

最初に、少し突っ込んだ話から始めさせてください。

日本の飲食業は、今、かつてない受難の時代に置かれています。

「いや違う。むしろ、日本の飲食はすでに世界的な評価を確立している」という意見もあるでしょう。たしかにミシュランの掲載数世界一、どのジャンルも世界トップクラス、そんな国は日本以外にはないと思います。

しかし、一方でそのチャンスを活かす機会を失っているように思えてなりません。現に飲食業界では、人手不足が原因でせっかくの味や技術を受け継ぐ人材がいないというケースも多く見られます。

では、なぜ人が集まらないのでしょうか。これこそが「受難」と表現した理由です。といっても悲観的観測を示すことは私の本意ではなく、むしろ、この試練を乗り越えた先にこそ、飲食業の新たな可能性が広がっているということをお伝えしたいのです。

飲食業には、まだまだ「打てる手」がたくさんあります。いわば飲食業は「イノベーションの未開拓地」なのです。

だから、お店側の意識やアイデア次第で、長く愛される人気店に育て上げることもできる。これまで長きにわたり、1万1000を超える飲食店でさまざまな食体験をさせてもらってきた身として、これは断言できます。そうすれば、飲食業はもっとおもしろくなるし、やりがいも感じられれば、人材不足も自ずと解消されるでしょう。

世のなかには、洋の東西を問わず高級店を知り尽くしている、いわゆる「フーディー」がいます。私もその1人にカウントしていただくことがあるのですが、私自身は、あまり自分をフーディーだとは思っていません。

私は世界に冠たる有名店や高級店にも行きますが、他方、街場のラーメン店や町中華、洋食店、居酒屋、立ち飲み店などにも、しょっちゅう行きます。このように、襟を正したくなるようなS級から愛すべきB級まで満遍なく食べ歩いてきたことが、私の食体験をいっそう豊かにし、この経験が私自身の手掛けている飲食店にも生きているという自負があるのです。

さて、そんな私の視点から、ここで少し、日本の飲食業の課題をまとめておきたいと思います。厳しい指摘も含まれているかもしれませんが、飲食業の未来を考えるうえでは重要なことかと思いますので、どうかご容赦ください。

まず、労働環境は、かなり改善の必要性があると感じている方が多いのではないでしょうか。長時間労働、かつ低賃金は当たり前。残念なことにハラスメント対策も行き届いていないところも……なんて声も聞こえてきます。

こうした労働環境のなか、「それでも飲食に携わりたい熱意のある人だけが続けられる」というのでは、まったく建設的ではありません。

冒頭でも触れたように、特に近年は、飲食店が慢性的な人手不足に陥っている。次代を担う新たな人材がいなければ、それだけ進化のスピードは鈍化します。このままでは、せっかく世界に類を見ないほど豊かに発展してきた日本の外食文化が、衰退してしまう……という危機感を抱かざるを得ません。

それに追い打ちをかけたのが、2020年代初頭のコロナ禍です。飲食店が軒並み休業や時短営業を余儀なくされるなか、飲食業から離職する人が続出し、しかも平時に戻ってからの復職率は100%に程遠いという状況です。

私は飲食に携わる人々を尊敬しています。さまざまな食体験を創造する料理人、サービスの方々、みな「アーティスト」であり、その真価はもっと認められてしかるべきだと心から思っています。

ところが、その飲食業を積極的に目指す人がみるみる減っているように感じています。これほど残念なことはありません。

私としては、飲食業が「憧れの職業」であってほしいし、飲食業従事者には、やりがいという心理的充足感や金銭的な豊かさも含めて「幸せ」であってほしい。幸せな飲食業従事者が増えれば、それだけバリエーション豊かで良質な食体験が創造され、結果的に外食を楽しむ私たちの幸せにもつながります。

つまり、幸せな飲食業従事者が増えることは、世のなか全体の幸福に直結しているというわけです。

そのためには、飲食業の労働環境を劇的に改善する必要があると思うのです。

# 「成功している飲食店」にはビジネスのヒントが詰まっている

本当に重要な話は、ここからです。

そもそも、なぜ、決して理想的とはいえない労働環境になっているのか。

端的にいえば、それは飲食業が、単純な「席数×単価」で売上を考えるというビジネススキームでずっとやってきたからでしょう。コスパという呪縛にとらわれて単価を上げることもできず、回転数を上げることでしか売上を伸ばせない、という「魔の道」に陥っている。

当然ながら、回転数を上げることにも限界があります。したがって長時間労働にならざるを得ず、従事する人たちにとって決して理想的とはいえない労働環境になる……という悪循環が生じているのではないでしょうか。

となると、まず飲食店が取り組むべき課題は、労働環境の改善そのものではありません。

労働環境の悪化を招いているビジネススキーム、もっといえば、今まで、そのビジネススキームでしか生き残りようがなかった飲食店のあり方から見直す必要があるでしょう。単純な「席数×単価」の発想を超え、付加価値を生み出すことで、お客さんは納得して高いお金を支払うようになる。そうすれば、無理に回転数を上げなくても売上が増え、結果として「長時間労働と低賃金」は、「適切な労働時間と正当な報酬」へと変わっていくのです。

そんな、オセロの黒がぜんぶ白にひっくり返るくらいの大逆転を起こす必要があると思います。

こうして付加価値をしっかり打ち出せる飲食店が増えれば、飲食に携わる人たちの価値がもっと正当に認められるようになり、「幸せな飲食業従事者」が増え、やがて飲食業が「憧れの職業」になっていくと信じています。

それに伴って豊かな食体験がより多く生み出されるようになり、世のなか全体の幸福度もアップする。そんな未来も見えてきます。

難しい課題だと思われたかもしれませんが、はたして、そうでしょうか。

前項で、いわば飲食業は「イノベーションの未開拓地」であると述べました。

たとえば、私の会社では、異なるジャンルの飲食店を４つ運営しています。１つは焼き鳥店、１つは鶏焼き肉店、１つは洋食店、もう１つは和菓子とお茶の店ですが、おかげさまで、店ごとに付加価値をしっかりと練り上げ、お客様に対してもプレゼンテーションすることで、いずれも一定の評価をいただいています。

また、私たちは、飲食店の現場においても「三六協定」（労働基準法第36条に基づき、時間外労働は月45時間、年３６０時間を上限とする協定）を遵守し、いかなるハラスメントも許さないという企業文化を徹底しています。中途採用者では、前職の飲食店よりも労働時間は短いのに、給料は上がったというケースも、まったく珍しくありません。

つまり、良好な労働環境をつくり、心理的にも金銭的にも満ち足りている「幸せな飲食業従事者」を生み出すというのは、何も「絵に描いた餅」ではなく、私たちがすでに実践していることなのです。そして私たちにできたのだから、どこの飲食店にもできるはずだと思います。

さらに、私自身の今までの食べ歩きに目を転じてみても、それぞれに「特別な付加価値」でお客様を唸らせ、それなりの金額を「適正価格」として、納得ずくで受け取っている飲食店は日本各地に存在します。

そこは私の前職の視点が捉えているところも大きいかもしれません。

広告代理店時代には、クライアントごとにコンセプトを構築し、もっとも効果的な打ち出し方を提案してきました。その目で飲食業界を見ると、成功している飲食店は、例外なく、付加価値の練り上げと打ち出しがうまい（狙っていない場合もありますが）ということがわかります。

そんな実例も交えながら、いかに日本の飲食業のイノベーション可能性は未知数か、これからの飲食店にはどんな付加価値がありうるかを、私なりに提示してみようと思います。

# なぜ私が飲食業を語るのか
## ――見冨右衛門の恩返し

生業にしていることを、よく「〇〇でごはんを食べる」といいますが、私は、たくさん外でごはんを食べてきたおかげで、ごはんを食べることができている。もっといえば、ごはん好きだったおかげで、より豊かな食生活を送れているのです。

広告代理店勤務時代、当時は接待などが多かったことも幸いして、若いうちから一流店で食体験を積みました。一流店に対する恐れよりも好奇心が勝っていたことで、ときには叱られながらもいろんな知識・情報を授けられ、育ててもらいました。今でも、行くたびに心地よい緊張感で背筋がピンと伸び、初心に立ち返らせてもらえる店があります。

また、一流の店には一流の人々が集まります。たとえば大企業の役員クラスや経営者の方が居並ぶなかに、私のような若造が一人。一介の広告マンではとても手の届かないような方々と席を並べさせていただき、思えば「粋とは何か」といったことなども、そうした場で学びました。

食材の知識も一流店での振る舞い方もよくわかっていない未熟者でしたが、そんな私をおもしろがってくださる方も多く、実際、そこでたくさんのお仕事をいただくこともできました。

このように、グルメのおかげで仕事が成り立ち、それなりの給料をもらい、そのおかげでさらにグルメができる。思い返せば、私の仕事人生は終始そんな感じでした。

まさにグルメのおかげでグルメができてきましたし、今では食体験を生み出す側にも立って食を楽しんでいます。食をきっかけにして、私の人生は豊かになってきました。飲食店という舞台がなければ、今の私は確実に存在していません。

私は本書を「見冨右衛門の恩返し」と位置づけています。それは文字どおり、グルメのおかげでごはんを食べられ、さらにグルメができていることへの深い感謝の気持ちがあるからです。

今までさまざまな飲食店で食べてきて、成功している店は何も偶然ではなく、そこには「成功してしかるべき理由」があることもわかってきました。彼らの発想や方法論を適切に取り入れれば、人気店を意図してつくり出すことも可能かもしれません。

また、すでに触れたとおり、現在は私自身も飲食業を営む立場にあります。客として純粋にグルメを楽しみながら観察することに加えて、いかに自社の事業を成功させるかという切実さがあることで、飲食店を見る目はいっそう磨かれた自覚があるのです。

ここで少しだけ踏み込んだ話をすると、飲食店の付加価値とは、「舌で味わう美味しさ」だけでなく、「体験としての美味しさ」でもあると私は考えています（この章の後半でも改めて触れます）。そして、詳しくは次章以降に譲りますが、「体験としての美味しさ」は、その店のさまざまなプレゼンテーションにかかっています。

そう考えると、前に述べた飲食業の課題は決して飲食店だけのものではなく、料理を味わう肝心の客側が店ごとのプレゼンテーションを理解し、受け取ることができるかどうか——つまり、私自身を含め、「外食を愛するすべての人たち」の課題でもあるといっていいでしょう。

また、広告代理店出身者としては、あらゆる業種において「付加価値の構築」が重要であるというのも、身にしみてわかっています。

どんなモノでもコトでも、付加価値の練り上げと打ち出しによって売れ方に大きな違いが出てくる。この点は飲食業も他業種も変わらないので、成功している飲食店の話は、業種の枠組みを越えて参考になるところも多いはずです。

したがって本書は、飲食店だけに向けたものではありません。

私自身、一企業の経営者として、飲食店プロデューサーとして、そして「外食を愛する一人の人間」として書いていきます。ですから、食べることが大好きなみなさんも、自身のビジネスにヒントがほしいみなさんも、ぜひ数々の名店の疑似体験を楽しみつつ、本書を役立てていただければ幸いです。

# すごい「日本の外食文化」を衰退させたくない

世界には数多くの「美食の国」が存在しますが、日本ほど外食文化が豊かな国はほかにないでしょう。

これは、単に「伝統的な日本食がユネスコの無形文化遺産に登録された」といった話だけではありません。寿司や天ぷらのクオリティが世界最高なのはいうまでもありません。

しかし、それにとどまらず、日本には、あらゆる国の美味が集い、最高峰の味を提供する飲食店が驚くほど多く存在しているのです。

フランスで美味しいフランス料理が食べられる。イタリアで美味しいイタリア料理が食べられる。ある意味、これらは自然なことでしょう。

しかし、さまざまな国や地域の料理において、ものすごいレベルに達している、あるいはインスパイアされて独自かつハイレベルな料理へと昇華させている店が一番多い国は、日本にほかなりません。これは今まで30カ国ほどで食べ歩いてきた私の実感でもあります。

日本人は、異文化に対して非常にオープンであり、さまざまな文化を吸収してアレンジし、独自の文化をつくり出すことに長けています。

たとえば「ラーメン」の源流は中国料理にありますが、すでに日本独自のラーメン文化が確立しており、巨大なラーメン市場が形成されていることに誰も異論はないでしょう。海外の人たちの間でも、「RAMEN」はもっとも魅力的な日本料理のひとつになっています。

また、牛肉のタルタルを焼いた「ハンバーグ」が生まれたのはドイツ（ハンブルク）、それをバンズに挟んだ「ハンバーガー」が生まれたのはアメリカですが、このファストフードを一段も二段もレベルアップさせた「グルメバーガー」は日本で発展を遂げています。肉にもバンズにもこだわった「世界一美味しいハンバーガー」が食べられるのは、もしかしたら日本なのかもしれません。

異文化に対するこうした柔軟性は、ときには「自我がない」など批判の対象になることもありますが、こと食においては、異なる文化を純粋に称賛し、取り入れる柔軟性が奏功して、バリエーション豊かで質の高い外食文化に結実しているのです。

かつて「モノづくり」で名を上げてきた日本ですが、これからの日本の最大の強みはハードウエアだけでなく、ソフトコンテンツになるのではないでしょうか。そして食は、アニメ、マンガと並び、日本が世界で勝負できる強力なコンテンツだと思います。

そう考えるにつけ、やはり気になるのは、飲食業を積極的に志す人々が減少傾向にあるように感じること。


従事する人が減ることは、いうまでもなく、レストランの絶対数が減ることにつながっていきます。レストランが減れば、生き残るために万人受けする店ばかりが増え、ほかに類を見ないような個性的な店はどんどん減ってしまいます。

文化とは、多様な付加価値が生まれ、それぞれが花開くことで豊かになっていくもの。「どこで食べても大して変わりないもの」を食べる――これは単なる習慣であり、文化ではないでしょう。


つまり、おもしろい店が減るのは、文化の衰退にほかなりません。

グルメのおかげでごはんを食べられ、今もグルメができている身として、そんな事態は何としても避けたい。起こってほしくない。飲食店を営む方、外食を愛する方も、みな同じ思いでしょう。

そのために、せめて私にできることとして、今までの経験から学んできたことをまとめておきたいというのも、本書を書いている動機の1つです。

# 食体験は「2時間の映画を観る」のと同じ

ここで少し視点を変えて、グルメを楽しむ側としてお話ししたいと思います。

私はたいてい1日に2回、ランチとディナーで外食します。つまり単純計算で年に730食、すべて違う店に行ったとして730軒、これを仮に30年続けたとして、2万1900軒の飲食店に行くことになります。

ところで、みなさんは「食べログ」に何軒の飲食店が登録されているか、ご存じでしょうか。

87万3721軒です（2025年2月24日時点）。私は人一倍、いや人十倍は外食していると思いますが、それでも、とうてい行き尽くせる数ではありません。

しかも気に入った店には何度も行くので、生涯で網羅できる軒数はさらに限られてきます。もちろん食べログに掲載されていない店もありますし、海外にまで範囲を広げようものなら……まさに星の数ほどの飲食店があり、気が遠くなってきます。

何がいいたいのかというと、生涯で出合えない飲食店のほうがはるかに多い。だからこそ1つひとつの出合いを真剣に考えたいし、1食たりとも無駄にはしたくないという感覚で、私は外食しています。

料理のジャンルなどにもよりますが、コース料理を食べるとすると、およそ2時間。これは1本の映画を観るのと、ほぼ同じくらいです。

ではお聞きしたいのですが、「大しておもしろくない」とわかっている映画をわざわざ観るでしょうか。たまたま時間が空いたからといって、映画館で別に観たくもない映画に時間とお金を費やすでしょうか。いずれも答えは「ノー」でしょう。

食は毎日のことです。時間の都合、場所の都合、その他さまざまな都合で、特に意志を持って選んだわけではない店で食べるときもあるはず。それは十分理解できます。

しかし、数ある飲食店との出合いを、毎日の食事の何回かに1回くらいは「意志を持って選んだ映画を観に行く」くらいの感覚で捉え、純粋に食体験そのものを楽しむ人がもっと増えたら、料理人や店側も、それに応える価値ある体験を提供しようと、より創意工夫を重ねるようになる。その結果、店と客の間によい循環が生まれ、飲食業に携わる人々のやりがいも高まり、より幸せに働ける環境が育まれていくでしょう。それに伴い、素晴らしい日本の外食文化の可能性もさらに広がるに違いありません。

どの業種もそうですが、お客がいなければ成り立ちません。日本の外食文化が衰退するのか、それともさらに発展していくのか——それは、飲食店の努力だけでなく、外食を楽しむ側の意識やリテラシーにも大きく関わっているように思います。

しかも、私の強い実感として、多少なりともリテラシーがあることで、外食がはるかにおもしろくなります。といっても料理に関する高度なリテラシーではありません。

たとえば、「この店の大将は、もともと◯◯という名店で修業した。だから師匠に対するリスペクトを込めて、その名店のスペシャリテをこのようにアレンジして出している」といった師匠・弟子筋の情報。

「こういうスタイルの飲食店は今ではたくさんあるが、最初に始めたのはこの店」といった源流・元祖の情報。

「この店で使われている素材はすべて、シェフの出身地である◯◯産。そこにシェフの郷土愛が込められている」といったバックグラウンドの情報。

「このスタイルは一般的には珍しいが、この土地ではそれが当たり前。なぜかというと……」といったご当地情報。

……というような「ちょっとした前情報」を持っていれば、流行に流されるのではなく、自分の好みに合った楽しみ方ができるようになります。

たとえば、いっとき「とじないカツ丼（卵でとじずに、ごはん、卵、とんかつが層になっているカツ丼）」が流行ったことがありますが、最初にそれをやったのは東京・渋谷の「瑞兆《ずいちょう》」という店だといわれています。

こういうことを知っているだけで、「とじないカツ丼、食べてみたい」と思ったときに、単に真似をしているような店で済ませるのではなく、本家本元の味を楽しみに行けるでしょう。

また、前情報があると、それをもって1つひとつの料理に向き合うことになるので、ただ出されるものを漫然と食べるよりも、ぐんと料理を味わうときの解像度が上がります。するとと時間が経っても鮮明に思い出せるくらいビビッドな記憶が刻まれるのです。

こうして、その場限りではない豊かな食体験が自分のなかに蓄積されていく。本書が、そんな外食の醍醐味を知り、楽しむ人が増えるきっかけにもなれたらと思っています。

# 飲食業もどんどんプレゼンすべき時代

食べログのようなレビューサイトやSNSが普及し、「著名インフルエンサーの料理投稿がバズった」「有名なフーディーに取り上げられた」といったことで飲食店の認知度や人気が急上昇するケースが非常に多くなっています。

私自身、外食の記録は「食べある記」というブログにまとめています。誰かの新たな食体験につながったらいいなと思いつつ綴っているのですが、その一方で、受け身の姿勢になっている飲食店が多いように見受けられることも気になっているのです。

つまり、「影響力のある人」に発見されることを待っている。しかし、食べログに掲載されているだけでも87万軒もの飲食店があるのだから、それは、ほとんど運頼みでしょう。

もちろん瞬間的にではなく、ずっと人気のある店は本当に実力があります。でも、そもそも人気になったきっかけが「誰かに発見されたこと」だったとしたら、87万分の1を見つけてもらったということ。つまり「料理が美味しい＋超絶的に運がよかった」から、ともいえるわけです。

フーディーを味方につけること自体は、まったく否定しません。私がいいたいのは、「フーディーを味方につけるために、何をしたらいいのか」を、もっと積極的に考えたらいいのではないか、ということです。

「たまたま発見されたから人気が出た」というのは運ですが、「発見されるべくして発見されたから人気が出た」というのは戦略の勝利といえます。そして「戦略」というからには、それは、ある程度、狙ってできることなのです。

「料理人」というと、どんなイメージでしょうか。料理一筋、寡黙で「自分の料理がわかる人にだけ、わかってもらえればいい」と考えている——それもひとつのあり方でしょう。しかし仮にも「たくさんのお客様に来ていただきたい」「多くの方に長く愛される店にしたい」「もっと人気店になりたい」という考えがあるのなら、そうなるべく戦略を練り、「待ち」「受け身」ではなく積極的に打って出たほうがいいと思います。

もちろん一番大事なのは中身、つまり料理そのものです。ただ、その土台としてしっかりとコンセプト設計をしておく、それをメッセージとして明確に伝えるといったことは、売り方の戦略です。こうして自らの手で戦略的に人気店を「つくる」ことはできるのです。

「たまたま発見されるのを待つ」のではなく、「いかに発見されるかまで計算する」。SNSやフーディーの影響力に「頼る」のではなく、「利用させてもらう」。レビューなどを「勝手に書いてもらう」のではなく、「店側の意図に自然と沿う」ように言葉で、あるいは言外に、明確にプレゼンテーションする。


ちょっと言い方が悪いところもあったかもしれませんが、こういう意識があるのとないのとでは、結果に大きな違いが出てくるでしょう。

この本では、実在する有名店を例に、なぜその店が成功しているのかを、私なりに分析していきます。

コンセプト設計、ブランディング、クリエイティブワークなど、マーケティング理論としては当たり前のことばかりかもしれません。しかし、それを飲食業に応用するとなると、どうでしょう。おそらく、そこまで戦略的に考えている飲食店は少ないはずです。

本書で紹介する名店も、すべて意図して成功しているとは限りません。

私の目から見ると、マーケティング的に理に適《かな》っている。けれども当人たちとしては無意識的に、言い換えれば「当たり前のようにやっていること」がお客様の琴線に触れ、ほとんど意図せずして成功している節がある店も多いように思います。

ですから、私が「この飲食店は、こういうところがうまい」と書いたことが、ご当人たちからは「えっ、そうなの？」と思われるところも多いかもしれません。

一方で、「うまくやっているな」というのが明確に見える飲食店があることも事実です。たとえば、食事が終わったところでお客様に「3カ月後なら空いていますが、次はいかがなさいますか」などと伝えて「予約困難店」を装う。本当は3カ月後でなくても空いていたとしても、その時点では、お客様にはわかりません。

これも戦略といえばそうなのですが、あまりいいものではありませんよね。

本書の一番の目的は、一般的なマーケティング理論をベースに、繁盛店をつくる方法を提示することです。

でも、それは表層的に戦略を取り入れればいいということではありません。

真剣に料理に向き合い、誠実に飲食業を営んでいる方々が、お客様に対してポジティブな情報発信をする。それぞれの背景にある思いや信念を伝える。コンセプトを明示し、ストーリーを感じていただく。もっと簡単にいえば、せっかくの「よさ」をきちんとお客様に伝わるようにする。

そのためには、どういう戦略がありうるかを、私なりにお伝えしていきたいのです。

もし、飲食業従事者の方が本書を読んでくださっているのなら、それは少なからず「長く愛される店になりたい」と思っているからですよね。

「料理の味さえよければ、いつか必ず誰かに伝わる、そこから広まる」という考えもあるかもしれませんが、今、本書を手に取っていただいたご縁です。ここでは少しだけ元の考えを疑って、「では実際に、どうやって人気店にしていくか」に目を向けてみませんか。

# これからの飲食店の売りものは「2つの美味しさ」

数々の飲食店で食べ歩いてきて、今、確信していることがあります。

それは、長く愛されている店は共通して「2つの美味しさ」を提供してくれているということです。1つは舌の上での美味しさ、つまり料理の味。そしてもう1つは、料理に留まらない体験としての美味しさです。

体験としての美味しさがどういうものかは、次章以降で紹介していきますが、店によってさまざまです。

たとえば料理人の経歴のおもしろさだったり、「これは今までになかった!」と唸らされる新規性だったり、テロワール(もともとはワインのブドウやコーヒーなどの生育環境を指しますが、ここではより広く、その土地の特性や伝統・食文化を活かすこと)だったり、徹底的に考え抜かれ、料理から空間づくりまで一貫しているコンセプトだったり、圧倒的な専門知識だったり……。

しかし共通しているのは、「美味しい料理」を食べるだけでなく、店という「1つの世界」のなかに滞在させてもらったという満足感があり、店を出るときには「ああ、いい経験をさせてもらったな」と豊かな気持ちに満たされることです。

すると後から何が起こるか、わかりますか。

「この間行った店、すごくよかったんだよね。〇〇〇っていう店なんだけど、こういうところがすごくて……」

そう、いい経験をしたら、その話をまわりの人たちと共有したくなります。そして話を聞いた相手は、きっと自分も経験してみたくなるでしょう。

こうして人から人へと評判が広がる店が、長く愛される店になっていく。つまり、店の話をお客様の「口の端《は》」に乗せることができれば、莫大な宣伝費も必要なければ、たまたま誰かに見つけてもらえる万に1つ（食べログ掲載数でいえば約87万に1つ）の幸運を待つ必要もないわけです。

飲食業って、とても流行り廃《すた》りの激しい業種ですよね。

前にも挙げましたが「今は『とじないカツ丼』がアツい！」とか、「これからはイノベーティブ・フュージョンだ！」「炭火焼きの時代は終わった。これからは『薪《まき》焼き』だ！」などなど、何らかのきっかけで話題になると、どんどん後に続く店が出てきます。

でも、そういう後追いの飲食店が長く愛される店になったというケースは、あまり私の記憶にありません。おそらく当事者としても「流行りに乗っかれば瞬間的に儲かる」と踏んで真似をしたまでなのでしょう。これは目指すことの違いによる戦略の違いであり、良し悪しの話ではありません。

また、「立地が重要」「原価率30％以下」「席数×単価＝売上」といった従来の飲食業の常識には、もうとらわれないほうがいい。常識を超越し、独自路線を打ち出すことができた店から、長く愛される店になっていくのだと思います。

そんななか、ものをいうようになっているのが、いかにお客様の「口の端に乗る話」を提供し、味だけでなく体験としても「美味しかった」と思ってもらえるかどうか、なのです。長く愛される店をつくりたいのなら、これこそ、今後、一番力を入れて考えなくてはいけないことでしょう。

そしてもっとも重要なことに、今の話は、ファンシーな店だろうとカジュアルな店だろうと変わりません。

いずれにせよ、飲食業の流行り廃りや常識とは別の文脈で「自分たちだけの世界」を練り上げることができた店、それにより、味だけでなく「体験としての美味しさ」を届けられる店が、長く愛される店になっていけるのです

# 第2章

# お客様は「ストーリー」が大好物

結論！

# 「東京一等地の商業施設に出店」が必ずしも成功しない理由

飲食店の成功を左右する要素として、よく「立地」が挙げられます。

かつてはそうだったのでしょうが、今ではかなり様相が変わっているといっていいでしょう。たとえば「東京の一等地の商業施設に出店する」――人が集まる立地、しかも大きな施設に入るとなれば、それだけで成功が約束されているかのように聞こえるかもしれませんが、そうとは限らないのです。

なぜか。商業施設では店の「ストーリー」をプレゼンするのが難しいからです。

わかりやすいように、1つ極端な例を挙げましょう。想像上の店として聞いてください。大手デベロッパーが手掛ける一等地の商業施設に、京料理店が出店することになりました。京都の雰囲気を出すために、内壁は土壁、客席の一角には枯山水と趣向を凝らしたとしましょう。

でも、そこに辿り着くまでには繁華街を抜け、商業施設のピカピカのエントランスやショップ街を通り抜け、場合によってはエレベーターで高層まで上らなくてはいけません。そこで急に京都にいる気分に切り替えられるかというと……いくら店の外観や内装が京風でも、それほど人の心理は器用ではないでしょう。

ビジネス会食などの場としてのニーズはあるかもしれません。しかし純粋に外食を楽しむうえでは、なんだか環境と気分がちぐはぐで、試しに1回くらいは行ってもリピートにはつながりにくいのではないかと思います。

その点でうまく設計したなと思うのは、2023年11月に開業した麻布台ヒルズです。麻布台ヒルズも、たしかに「東京一等地」の商業施設には違いないのですが、招致した名店（天風良《てんぷら》にい留《とめ》、富小路《とみのこうじ》やま岸など）の多くは1階、しかも路面店のような設《しつら》えになっています。

ビルのエントランスさえ通らなければ、世界観の異なるショップ街を抜けることも、エレベーターで高層に上ることもなく、ほぼダイレクトに店にたどり着ける。なかば「独立した店舗」に入るような感覚なので、あまり違和感なく店の雰囲気に馴染むことができるのです。

いろんな飲食店で食べてきて、まず感動し、そして「また行きたい」と思う大きな理由の1つに、「ストーリーを肌身で感じさせてくれること」があります。

その店が今に至るまでの経緯や、師匠・弟子の系譜、使っている食材などの情報、料理のコンセプト、料理人の強い思いや哲学などなど。そういうものがあると、空間や一皿一皿の料理にストーリーを感じることができて、単に「美味しい」以上の感動となるのです。

いきなり海外の例になってしまうのですが、ここでぜひ触れておきたいのが、「世界一のレストラン」と認められた「ノーマ（noma）」（デンマーク）です。常設店としての営業は、残念ながら2024年末で終了となり、現在は研究開発や世界各地でのポップアップ営業を中心とした形態に移行しています。

この店こそ、まさしくストーリーでお客様を虜にしてきたレストラン。以前に訪れたときは、私もすべての料理が語りかけてくるストーリーに痺れっぱなしでした。

北欧のレストランは、長い間、フランス料理の真似事を続けてきました。しかしノーマのオーナーシェフのレネ・レゼピさんは、その慣習を脱し、「北欧の食材と文化」を自らのレストランで表現することにしたのです。

そのすごさは、とうていここに書き切れるものではないのですが、ノーマで食べた料理からいくつか挙げておきましょう。

まず、当時のノーマの料理は「魚介のシーズン」「野菜のシーズン」「ゲーム&フォレストのシーズン」の3シーズンに分かれていました。私が訪れたのは「ゲーム&フォレストのシーズン」。まさにデンマークの森に棲み着いたかのような食体験でした。

たとえば、凍らせた猪の脂をスライスし、カリカリに揚げたじゃがいもに載せた一品。北欧の歴史がベースにあると考えると、「昔の北欧人たちは、きっと自然と凍った動物の脂を、口溶けがいいように薄く切って食べていたんだろうな」などと思いを馳せ、凍てつく大地で培われてきた食文化に対する敬意が自然と湧き上がります。

もう1つ、特筆すべきはメインの鴨料理です。

まずびっくりしたのが、テーブルに鴨のクチバシや身体が登場したこと。かわいそうと思うかもしれませんが、それは本末転倒です。いかに大切な命をいただいているか——これを理解するのに、これ以上ふさわしいものはないと思いました。

この衝撃的なビジュアルを挨拶代わりに、あとに続いた料理は、鴨の脳みそ、心臓、もも肉、むね肉と、すべての部位を網羅。「大切な命をいただいている」ということから1ミリも逃げない哲学が通底していました。

私のブログ「食べある記」では全品を詳細にレポートしているのですが、ノーマのすごさを語ることは本書の目的ではないので、このくらいで止めておきましょう。気になる方は、「食べある記」をご覧いただければ幸いです。


さて、この章でお伝えしていきたいのは、「いかにストーリーが重要か」ということです。世界一と認められているノーマが、まさにストーリーで世界中の人々を虜にしていることが、ストーリーの重要性の証明といってもいいのではないでしょうか。

ここで冒頭の話に戻りますが、その点で、もはや「立地」は重要ではありません。たとえ郊外だろうと、都市部から遠く離れた地域だろうと、料理を含めて素晴らしいストーリーをお客様に感じさせる飲食店ならば、長く愛される店になれる可能性が十分にあるのです。

味がよければ人気が出る。立地がよければ集客できる。こうした今までの常識はいったん脇に置いて、「ストーリーをお客様の心に響かせる」ことで名実ともに成功している店を見ていきましょう。

# お客様は「情報」も食べている

飲食店を選ぶ基準の第一は「料理の味」。もちろんそうなのですが、昨今、お客様は料理と一緒に「情報」も食べています。

「あのフーディーが絶賛していた」「3年先まで予約が埋まっている」「テレビで取り上げられた」「グルメで知られる芸能人の行きつけ」……こうした情報が飲食店に行く動機になりやすいというのは、想像に難《かた》くないでしょう。

しかし、ここでお話ししたい「美味しい情報」は、それとはちょっと違うのです。これから紹介する店の美味しい情報を大別すると、「仕入先」「系譜」の2つ。では、1つずつ見ていきましょう。

## ・サスエ前田魚店／髙坂鶏／石司――「仕入先」という美味しい情報

静岡県焼津市《やいづ》に「サスエ前田魚店《まえだうおてん》」という鮮魚の卸売店があります。

ここで扱っている魚はとびきり質がいいうえ、漁師にも料理人にもコミットするという珍しい店です。ときには漁師に魚の締め方を指導し、仕入れに来る料理人には、ただ要望に応じて卸すのではなく、その店の料理に適した魚を提案しているのです。

質がよければ当然、多くの飲食店が買いたがるので、結果的に売り手が買い手を選ぶようなことになります。「あの店はサスエから魚を卸してもらっている」というのが、フーディーたちを引き寄せる「美味しい情報」になっているというわけです。

サスエのチームには、「成生《なるせ》」（天ぷら・静岡）、「日本料理FUJI」（日本料理・静岡）、「茶懐石 温石《おんじゃく》」（日本料理・静岡）、「馳走 西健一」（日本料理・静岡）、「Simples」（フランス料理・静岡）、「なかむら」（天ぷら・静岡）といった、全国に名を馳せる名店が並びます。その始まりを語るうえで、「成生」の存在は欠かせません。

サスエ前田魚店の存在が、成生を日本一の天ぷら店へと押し上げ、「成生」の成功がサスエ前田魚店を全国屈指の存在へと引き上げた――まさに相互に高め合いながら、唯一無二の関係を築いてきたといえるでしょう。

その実力を物語る象徴的な体験は、いくつもあります。私の食べ歩き史上一番のヒラメを味わったのは「温石」だったし、「Simples」で食べた、ステーキカットされた本メジマグロの肉のような特別な食感は、今でも忘れられません。

さらに、サスエの前田さんは、単に魚を卸すだけではなく、どの料理にどんな魚が最適かまで深く関与し、各店舗のスペシャリテの開発にも携わります。「日本料理FUJI」の白甘鯛《しろあまだい》の松笠焼《まつかさや》きや、「馳走 西健一」のその日に水揚げされた鮮魚を使ったパイ包みは、フーディーたちを唸らせる名物となりました。

また、「馳走 西健一」のシェフ・西さんのキャリアは興味深いものです。彼は、広島の日本料理店で修業中、仕入れ担当としてサスエ前田魚店と関わりを持ちました。そして、独立を決意したタイミングで静岡へ移り住み、なんとサスエ前田魚店から徒歩5分の場所に自身の店を開いたのです。

自分のところの魚に惚れ込んで、すぐ近くに開店したなんて、もちろんサスエ前田魚店としてはうれしいですし、お客様からしても、このエピソードは、かなり心をくすぐられる「美味しい情報」です。

そして、本書の執筆も佳境に入ったころ、あるニュースが飛び込んできました。

食べログの「The Tabelog Award 2025」にて、成生、温石、馳走 西健一がゴールドに、日本料理FUJIがシルバーに、なかむらがブロンズに選出されたのです。

これがどれだけ衝撃的か、おわかりでしょうか。

現在、食べログに掲載されている飲食店は約87万店に上り、The Tabelog Awardのゴールド35店、シルバー151店、ブロンズ466店（合計652店）は全体の0・07%に当たります。

そしてシルバー以上は0・02%、ゴールドに至っては0・004%なのです。

それだけ希少な186店のうち4店が、さらに希少な35店のうちの3店が、サスエの魚を使っている。素材を活かしきるなどの料理の腕はもちろんですが、やはり仕入れの重要性を再認識させられるニュースでした。

他方、東京の焼き鳥店「かさ原」は、「髙坂鶏《たかさかどり》」を使用することで知られる名店です。私自身も焼き鳥店を経営している手前、大きな声ではいえませんが、その実力の高さは間違いなく日本トップクラス。火入れの技術はもちろん、そのこだわりは生産者にまで及んでいるのです。

特筆すべきは、髙坂鶏との関係性です。かさ原は、髙坂鶏が今ほど有名になる前からその味に惚れ込み、いち早く採用していました。そして、店の評価が高まるにつれ、髙坂鶏の知名度も上がり、ほかの焼き鳥店でも「髙坂鶏を使いたい」という声が増えていく。すると、今度は「髙坂鶏を世に知らしめた店」として、かさ原自体の評価もさらに高まる——こうして、店と生産者が互いに高め合いながら成長してきました。

自分が惚れ込んだ生産者の食材を使い、それを活かす技術で勝負する。そして、料理の腕だけでなく、素材そのものの価値をも高めていく。そんな熱い関係性こそが、かさ原の「美味しい情報」なのです。

最後に挙げるのは、仕入先のなかでも少し変わっているケースです。

東京・銀座に、「きよ田」という日本一の呼び声も高い寿司店があります。「マグロのきよ田」と称されるだけあり、カウンターには常時数種類ものマグロが並びますが、それだけではありません。きよ田のマグロは、豊洲の名仲卸「石司《いしじ》」から仕入れたものです。そして、驚くべきことに、その石司が、きよ田の次代の大将の人選にも関わっているのです。

きよ田の歴史は、1964年（昭和39年）の東京オリンピック前後に遡ります。創業者である藤本繁蔵氏が初代を務め、当初は六本木や麻布十番に店を構えていましたが、やがて銀座の地へと移転しました。以来、きよ田は寿司の世界において確固たる地位を築いてきました。

なかでも、マグロの仕入れに対する哲学は創業当時から一貫しており、「腹上《はらかみ》」と呼ばれる特定の部位を使い続けています。この選択は単なる伝統ではなく、徹底した品質へのこだわりの証であり、きよ田の核ともいえる存在です。

きよ田の歴史において、大きな転機となったのが、2代目・新津武昭氏の引退です。彼の引退とともにきよ田は一時閉店を余儀なくされましたが、その際に店を支えたのが仲卸の石司でした。

石司は単なる仕入れ先ではなく、創業当初より深い関係を築いており、「きよ田」の未来を守ることを使命と捉え、新たな大将を探すことになりました。そして、その役目を託されたのが、現在「きよ田 はなれ」のご主人である木村正氏でした。

多くの場合、寿司店の継承は弟子や親族が担うものとされています。しかしながら、「きよ田」に関しては、その決定に動いたのは、魚を知り尽くした仲卸である石司でした。この事実こそが、「きよ田」が単なる老舗ではなく、寿司とマグロの縁によって紡がれてきた店であることを象徴しています。

一般的に、食材の卸業者は飲食店よりも立場が下というイメージが強いのではないでしょうか。

でも、サスエ前田魚店しかり、高坂鶏しかり、さらには、きよ田の次代大将の人選に関わるほどの信頼関係を結んでいる石司しかり、すごい生産者から仕入れていることで、それが「美味しい情報」となりうるのです。

どこから仕入れているのかは、店側が開示しない限り、お客様は知りようがありません。

料理は厨房で始まるのではなく、食材の調達先から始まっている。そのストーリーを魅力的に描き出すことができたら、1つ、大きなアピールポイントを持つことができるでしょう。

### ・すし匠／チウネ――「系譜」という美味しい情報

すべての飲食店で可能なわけではありませんが、「師匠・弟子筋」という系譜もお客様を惹き付ける「美味しい情報」です。

東京・四ツ谷に「すし匠《しょう》」という江戸前寿司の名店があります。

ここで修業し、独立した弟子たちは、みんな店名に「匠」の文字をもらっています。

さらに、すし匠の名物「おはぎ」（鮪の中落ちや赤身などをネギ、たくあんと混ぜて酢飯を包んだ1貫）や「あん肝スイカ」（あん肝にスイカの奈良漬を載せた寿司）を継承、あるいは何らかの形でアレンジして出しているのです。

こういう情報があると、まず「匠」の文字が入っている寿司店に行くときに「あのすし匠で修業した方の店かも」と期待が高まり、「おはぎ」「あん肝スイカ」に込められた師匠への感謝や敬意にじーんとする。

まさに料理をいっそう美味しく感じさせる「美味しい情報」です。

その点でもう1つ挙げたいのが「チウネ（CHIUnE）」（フランス料理・東京）です。チウネは、岐阜県の名店「開化亭《かいかてい》」（中国料理）の創業者にして、「フルタ（Furuta）」（中国料理・東京）のシェフである古田等さんを父に持つ古田諭史《さとし》さんが、「レストラン サトシ F（Restaurant Satoshi.F）」（岐阜）の東京移転に伴い、オープンさせた店です。

つまり、こちらは師匠・弟子筋といっても親子2代のストーリーです。

開化亭には、ビーフンにキャビアを載せたスペシャリテがあります。そしてチウネのコース料理には、ビーフンに貝類やカラスミなど季節替わりの食材を合わせた一品が必ず入っている。料理のジャンルは違えども、そこに、ずっと背中を見て育ったお父さんへの敬意が感じられて、ぐっときてしまうのです。

チウネの「美味しい情報」は系譜だけではありません。

フランス料理のメインというと牛肉や鴨肉が定番ですが、ときに豚肉をメインに据えることもある。そして、その豚が「郡上豚《ぐじょう》」という、彼が生まれ育った岐阜県の銘柄豚であるところにも必然性を感じます。

ビーフンを使った料理で父子の血筋、息子の父親に対するリスペクトを感じさせ、岐阜県の銘柄豚でテロワールを感じさせる。いずれも、知っていることで料理がいっそう美味しく感じられる「美味しい情報」というわけです。

## ・ぎをん 遠藤——実家すら美味しい情報になる

本項で最後に挙げる例は、系譜といっても師匠・弟子筋ではなく、実家筋です。祇園の路地にある日本料理店「ぎをん 遠藤」（京都）は、食通たちが夜な夜な通う隠れた名店。

それにはいくつか理由があります。第一に挙げられるのは、絶品の魚たち。店主の実家は、京都の星付きレストランなど数々の名店に卸している鮮魚店「京都 遠藤商店」であり（現在はお兄さんが継いでいる）、魚の目利きに絶対的なルートがあること。しかも、その目利きされた魚を扱う高い技術によって、レベルの高い料理に仕上がっているのです。

また、店主には京都食肉市場で働いた経験もあり、それがまた、ぎをん 遠藤の魅力につながっています。

「日本料理」と聞いて、お任せを出す高級店を思い浮かべたかもしれませんが、実はちょっと違うというのも、この店のおもしろいところ。かなり上質な魚を扱っていながらも、居酒屋のようにアラカルトで注文できるのです。

たとえば、ある日の刺し盛りは、身の引き締まった明石のタイ、寝かせて旨味を引き出したマグロ、そしてシマアジの3点でした。最高の魚が用意できるから、当然のように刺身がおいしい。

誤解を恐れずにいえば、実は日本料理店で出されるお造りを余分だと思うことがあるのですが、ぎをん 遠藤には当てはまりません。「こういうお造りなら、一生食べたい」と思うほどなのです。

そして私がもっとも感激したのが、アジフライです。

アジフライというと、腹から開いたワラジ状のものをイメージしたでしょう。しかしぎをん 遠藤のそれは、分厚い身の、アジフライらしからぬビジュアル。そして、ふわっと、しっとりとした口当たりで、旨味だけがとろけていくような美味しさが口に広がります。これは、少し魚を寝かせ、全体に脂を回した効果とのこと。

普通のアジフライより一段も二段も美味しい理由はそれだけでなく、実はアジの王様・

シマアジを使っているからです。

つまり素材からして違うから、当然のように段違いの美味しさになる。ここにも「魚屋の次男坊」という出自が活きているというわけです。

上質な魚をアラカルトで食べられ、しかも居酒屋メニューのようなものもある。何を頼んでもいいのですが、あまりにも明石のタイとアジフライが傑出しているので、私もこの2品は欠かさず食べています。そういう使い勝手ができる店は、ほかになかなかないということも、夜な夜な食通たちが通う理由になっているのでしょう。

# お客様の「口の端」に乗るプレゼンテーション

第1章で、これからは飲食店も自分からプレゼンしたほうがいいと述べました。その方向性はいろいろと考えられますが、飲食店としてまず考えられるのは、料理に込めたストーリーをプレゼンすることでしょう。

そこで例に挙げたいのが、「くすのき 本店」（天ぷら・東京）と「銀座 しのはら」（日本料理・東京）の2店です。

## ・くすのき 本店――「天ぷらは蒸し料理」、誰もが語りたくなるストーリー

くすのきは、「紙に油がつかない天ぷら」で非常に有名です。

天ぷら店では、揚げたての天ぷらを紙に載せてくれますが、そのときに、比喩的でなく、本当に油が1滴も紙につかない。とにかく油切りがすごいからなのですが、店主の楠忠師《ただし》

さんのお話を伺うと、「すごい」だけでなく「納得」になるのです。

楠さん曰く、「天ぷらは蒸し料理」――。

つまり衣をまとわせ、熱した油に入れることでなかの食材の水分を閉じ込め、うまみをぐっと引き出して「蒸し上げる」のが天ぷらという料理である。一番大事なのは、その蒸した食材を食べてもらうことであり、余分な油を食べさせるのは天ぷらではない、と語ります。

この話を聞いて、私は納得し感動すると同時に、このストーリーを誰かに話したくなりました。きっと訪れる人みんなに同じことが起こっているから、くすのきは「紙に油がつかない天ぷら」で有名になったのでしょう。

## ・銀座 しのはら――滋賀の風景を描き出す「八寸」の秀逸さ

「銀座 しのはら」は、もともと滋賀県湖南市にあった日本料理店です。

店主の篠原武将《たけまさ》さんは、滋賀県産の食材をうまく使うことで知られてきました。

山間部では動物の異種交配が起こりづらい地域なので、野生動物の原種が残っています。

猪もその1つなのですが、身が硬すぎて食材としては使いものにならない。それを、さまざまな工夫を凝らして美味しく食べられるようにしたなど、驚きのエピソードが披露されます。

そのしのはらが東京に移転すると聞いたとき、困惑した人も少なくなかったでしょう。あの山間部で、地元食材を使った料理を食べられなくなるのか……と。かくいう私もそうでした。

しのはらが新たに店を構えたのは東京・銀座。日本一高級な土地で、しかも洒落たビルの地下。しかし、「東京に出店する」というのは、「滋賀を捨てる」とイコールではありませんでした。

そのことを如実に物語っていたのは、名物の「八寸」です。

食材こそ全国から取り寄せられた選りすぐりのものでしたが、茅葺き屋根を思わせる陶製の飾り、美しい料理に添えられた草木……すべてが合わさって、滋賀県の風景、しのはらが地元で歩んできたストーリーを描き出していました。

そんな1枚の絵画のような八寸によって、東京にいながらにして、滋賀県湖南市に一瞬で連れて行ってもらったのです。

「東京にいるのに滋賀を感じられる」。これも、お客様の口の端に乗るプレゼンテーションといっていいでしょう。東京に移転後のしのはらも、あっという間に予約困難店になりました。

料理人として大切にしていること、出している料理に対する思想や哲学、こうしたストーリーを言葉で、あるいは料理を通じて言外に（ただし伝わるように）プレゼンテーションすることで、それが店に来られたお客様の口の端に乗る。すると、勝手に評判が広がり、さらにお客様が集まってくるという現象が起こりうるのです。

# 「料理のコンセプト」こそ王道のストーリー

長く愛される名店になるためには、戦略が必要。といっても、飲食店の最大の売りが料理であることには違いありません。

むしろ前項でも述べたように、料理こそが王道のストーリーとなります。

しかし、そこをうまくアピールできていない飲食店が多いのではないでしょうか。

他方、料理のコンセプトを見事に語ってみせ、お客様の心を惹き付けて離さない店もたくさんあります。ここでは「日本料理　たかむら」（江戸料理・秋田）、「カモシヤ　クスモト（kamoshiya Kusumoto）」（創作料理・大阪）、「ソーセ（Saucer）」（フランス料理・東京）、「トレイス（τρεῖς）」（フランス料理・東京）、「湖里庵《こりあん》」（日本料理・滋賀）の5店を紹介しましょう。

## ・日本料理 たかむら――京料理ならぬ「江戸料理」を極めた唯一無二性

日本料理というと京料理をベースにしたものが主流ですが、「江戸料理」を追究し、提供している店があります。

その店、たかむらは「唯一にして伝説の江戸料理店」といわれる東京の名店で修業し、弱冠24歳で4代目となった高村宏樹さんが独立して構えたもの。しかも江戸料理としてはアウェーといえる秋田県にあるというのも興味深い点です。

江戸料理とは、その名のとおり江戸で生まれ、江戸で発達した料理のこと。高村さんのすごさは、実際に江戸時代の文献に当たり、そこで紹介されている料理を試行錯誤して再現したものも提供しているところにあります。

なぜ試行錯誤が必要なのかというと、江戸時代の文献には「材料と大まかなつくり方」は記されているものの、「分量」の記載がないからです。食材や調味料の分量に当たりをつけながら試作を重ね、ようやく納得できたものだけが提供されるのです。

私が訪ねたときは、最後の甘味として出された「氷豆腐」がそれでした。透明な寒天で豆腐を包み、まさに豆腐が氷に閉じ込められているかのようなビジュアルなのですが、これは『豆腐百珍』という江戸時代の料理の文献に記されていたものだそうです。

当時そのままの味……かどうかはタイムスリップしないとわかりませんが、ともかく文献のなかにしか存在しなかった料理に出合わせてもらえる。その点で唯一無二の店であり、料理に見る江戸時代の食文化というストーリーに胸打たれてしまいました。

こんな食体験ができるのは、正真正銘の江戸料理を出している、たかむらだけです。だからこそ、秋田という立地でも日本中からお客様が集まる店になっているのでしょう。

## ・カモシヤ クスモト──「醸す」をコンセプトに世界の料理を楽しませる

先ほど、カモシヤ クスモトには「創作料理」と付記したのですが、カモシヤ クスモトが何料理の店なのかを枠にはめることはできません。

というのも、この店の料理は「世界中を旅する」からです。

あるときは日本料理、あるときはイタリア料理、あるときは韓国料理、あるときはメキシコ料理、あるときはベトナム料理……という具合に、毎月のようにジャンルが変わる。

これではストーリーも何もないじゃないかと思われそうですが、すべてに通底しているコンセプトがあるのです。

それは、「カモシヤ」の屋号にも見られる「醸す」、つまり「醸造」です。カモシヤ クスモトの料理は発酵食品を主に組み立てられていて、その1つひとつの料理に欠かせない調味料であるかのように、ワインや日本酒などの醸造酒を絶妙にペアリングしてくれます。

醸造酒は、ブドウや米に含まれる糖を菌が代謝し、二酸化炭素とアルコールを排出する「アルコール発酵」によってつくられます。つまり醸造は発酵の一種といえ、カモシヤ クスモトの料理が発酵食品を主に組み立てられているところにも、コンセプト上の必然性、語りたくなるストーリーがあるのです。

私が訪ねたあるときのテーマは「北イタリア×日本」でした。

イカの塩辛を忍ばせたバーニャフレイダ（バーニャ＝「ソース」、フレイダ＝「冷たい」の意）、白味噌を隠し味に使ったミネストローネ、仕上げにチーズを削ったパスタと、「発酵」を土台に「北イタリア×日本」が見事に結実した料理。そして一品一品にピタリと合う醸造酒がペアリングされました。

カモシヤ クスモトに行くと感じられるのは、発酵・醸造というミクロな世界の壮大なストーリーです。微生物の力を借りることで成立した発酵食品、そして醸造酒という食文化に対する感謝と敬意が自然と湧き上がってきます。

このように、「料理のコンセプト」＝「〇〇料理というジャンル」とは限りません。根底に揺るぎないコンセプトがあれば、それが店の代名詞となり、一貫したストーリーとしてお客様の心に響く。そのうえで「〇〇料理」の枠にはまらず自由に遊ぶことが、結果的に「ここでしか味わえない」という唯一無二の価値につながる。カモシヤ クスモトの人気を因数分解するなら、こういうことでしょう。

## ・ソーセ——名店のソース担当者だったシェフによる「ソースが主役の料理」

ソーセのシェフ、郡司《ぐんじ》一磨《かずま》さんは、ソースの本場であるフランスで料理を学び、都内の有名フランス料理店でソーシエ（ソース担当者）を任された、いわば「ソースの専門家」です。フランス語の「saucer」とは「ソースをかける」「ソースを拭い取る」の意。その単語を店名に冠するとおり、ソーセは、料理だけでなくソースを主役に押し上げているフランス料理店なのです。

もちろんフランス料理にはソースが欠かせませんが、それでもなお、ソースは肉や魚などの食材を引き立てる「脇役」の立ち位置に過ぎません。それを「主役」としても楽しめる料理とはどんなものかというと——。

私が訪ねたとき、はじめに出されたのはポルチーニ茸の濃厚なソース。これを味わうためにパンが添えられます。その後に続く料理も、「アメリケーヌソース×湯葉のフリット」「寿雀卵《じゅじゃくらん》の卵黄（これがソースの役割）×うずら」「しそのリゾット×太刀魚」「ボルドレーズソース×牛赤身肉」など、すべてにおいてソースが際立っていました。

選りすぐりの食材を使って丁寧につくられた料理はとびきり美味しくて、それをソースが引き立てると同時に、ソースそのものを楽しめる設計にもなっているのです。

「ソースが主役」というコンセプトを補強しているのは、やはりシェフの経歴でしょう。ソースの本場で学び、さらに有名レストランでソース担当者を務めていた。「ソースが主役のフランス料理店」に、これ以上ふさわしい人がいるでしょうか。

先に挙げた江戸料理のたかむらにもいえることですが、「料理のコンセプト」に「料理人の経歴」が掛け合わされると、それが強力なストーリーとしてお客様に響き、口の端に乗って自ずと広がっていくこともあるのです。

## ・トレイス――イノベーティブって何だろう

住所非公開、完全会員制、イノベーティブレストラン。この3つをキーワードにしたレストランが、ギリシャ語で「3」を意味する「トレイス」です。

トレイスの料理を味わい、河島英明シェフの素材へのアプローチを体験するたび、私は「イノベーティブってなんだろう」と考えてしまいます。

「イノベーティブな料理」と聞くと、複雑なアプローチを想像しがちではないでしょうか。しかし、トレイスの料理は真逆。むしろシンプルすぎるくらいシンプルななかに革新があり、一見、難しいことをやっているなかにも「遊び」があるから、こちらの理解も早い。「素材本来の味を活かす」というのは、よくいわれることですが、トレイスでは、それを究極的に実践しています。

コースからいくつか例を挙げると、まず塩と水だけでつくったという「枝豆のスープ」。河島シェフによると、さやは一番太陽があたっている部分であり、旨味や香りのよさに直結している。そこを使わないのはナンセンスと、さやごとミキサーにかけてスープをつくるそうです。素材を丸ごと使い、加えるのは塩と水だけ。つまり我々はまさに素材そのものの味を体験しているということになるわけです。

次の「フォアグラ」もシンプルそのものです。フォアグラの生臭さは血に由来するもので、たいていはリキュールなどでマリネして臭みを消します。ところがトレイスのフォアグラは臭み消しの材料はいっさい加えず、塩だけで仕上げてあるのです。それでいてまったく臭みがなく、代わりに上質なバターのような甘みとコクが口のなかに広がります。


ところで、コース料理を見ていくと、フォアグラは別としても、枝豆にきのこ類と、通常、高級店では主役にしない素材を用いた料理が続きます。

しかし、そこには必ずイノベーティブな、つまりほかには誰もやっていないようなアプローチがあり、しかも1つひとつがはまっている。圧倒的な発想力と説得力があれば、高級食材であるかどうかなど問題にならないのです。そんな料理は、まだ続きます。

次の「レタス」は、見た目はレタスそのもの。でも実際には、ゼラチンで作ったドレッシングを一枚一枚の間に挟んであります。

この一品はシェフの「レタスのよさって何だろう」という問いから始まりました。

それに対する答えは「シャキシャキ感」。しかし、よくあるレタスサラダはドレッシングの水分により、そのよさが失われてしまっています。だから、水分が葉に干渉しない、レタスのシャキシャキ感が完全に保たれたレタスをつくったというわけです。

この一品の狙いは、味ではなく、「レタスってこんなにシャキシャキしてるんだ！」という食感の驚きです。

そう考えると、河島シェフの料理は「味覚で楽しむ」という枠を超え、まるで五感を刺激する芸術のよう。視覚で魅せ、香りで誘い、食感で驚かせ、味覚で虜にする。その追究はまさに最上級であり、今なお誰もその境地に追いつくことはできないのです。

同店の料理で、触れないわけにはいかないのが「ＫＦＰ」です。これは「Kawashima's Fried Pigeon」の略。つまり、ケンタッキー・フライド・チキンをもじって、河島の鳩フライをつくってしまったのです。

なんと遊び心に溢れていることか。大っぴらにやると本家本元からクレームが来てしまうかもしれませんが、完全会員制のクローズドなレストランなので、ギリギリ許されるのでしょう。といっても、単なる浅薄な遊びではありません。

もとはといえば、フレンチなどの料理工程で、鳩を焼く際に出ていく肉汁が「もったいない」という考えがあったそう。結果、高温でサッと揚げることで、肉汁が衣のなかに完全に閉じ込められ、鳩の肉汁を楽しむもっとも効率的な料理になっています。

最後にもう1つ、挙げておきましょう。

「米のリゾット」――そう聞いて違和感はありませんか。リゾットは米料理ですから、米のリゾットは言葉が重複しているのです。しかしそれも、この一品の内実と河島シェフの意図を知れば納得でしょう。米のリゾットは、つまり「米が主役のリゾット」なのです。

たとえば「きのこのリゾット」の主役はきのこ。同様に、「米のリゾット」の主役は米、もっというと日本人ならきっと誰もが同調する「炊きあがった瞬間の米の香り」なのです。

そのために、余計なものは何も入れない。引き算によって、米の魅力を引き出すシンプルすぎる一品です。

## ・湖里庵――江戸時代から続く老舗の7代目による「新しい鮒寿し料理」

内陸部に位置する滋賀県では、郷土料理「鮒寿し《ふなずし》」に代表されるように、発酵の食文化が伝統的に発達してきました。

滋賀県湖北にある「湖里庵」は、江戸時代から続く鮒寿しの老舗「魚治《うおじ》」の7代目・左嵜《さざき》謙祐《けんすけ》さんが営む日本料理店。しかし、ただ伝統を受け継ぐのではなくオリジナリティを追求し、鮒寿しの新しい可能性を提案しています。

現状維持は衰退につながり、進化こそが継続の鍵。鮒寿しの正統な継承者が再解釈・再構築した新しい鮒寿し料理。そう聞くだけで興味が湧いてくるのではないでしょうか。

ここでは、そんなバックグラウンドを持つ湖里庵を象徴する一品だと私が感じた料理を、1つ紹介しておきましょう。

それは「鮒寿しのパスタ」です。鮒寿しは「和風のチーズ」とも呼ばれており、たしかにパスタとの組み合わせは間違いありません。鮒寿しが塩気を十分に含んでいることも効果的でした。鮒寿しは珍味的なイメージも強く、発酵した魚由来の独特な香りを嫌厭する人も少なくありません。でも、このパスタならば、初めて鮒寿しを口にする人でも抵抗なく楽しめるでしょう。

そんな鮒寿し料理が完成されているところが、伝統そのままではなく、新たな鮒寿しの可能性を提示するという湖里庵のコンセプトを象徴的に物語っているなと思ったのです。

ちなみに滋賀県湖北は、都心からのアクセスはよくありません。にもかかわらず湖里庵が予約困難店になっているのは、「新しい鮒寿し料理」を味わってみたいと思う人が、それだけ多いということ。歴史に裏打ちされた料理のコンセプトのストーリーが人々を惹き付けているわけです。

# 料理人の人生そのものが「美味しい情報」になる

料理人も一人の人間であり、それぞれに現在に至るヒストリーがあります。

そして、人がもっとも共感を覚えるのは、人間のヒストリーといってもいいかもしれない。そう考えると、料理人としての人生そのものが、お客様にとって「美味しい情報」となり、口の端に乗って広がる可能性があるのです。


人気店をつくりたいと思うと、つい「今、何が流行っているだろうか」「あの人気店の後に続けばいいいんじゃないだろうか」といった発想になりがちです。

でも実は「灯台下暗し」で、自分自身のキャリアを棚卸ししてみたら、店のストーリーになりうる魅力があるかもしれない。

そんな視点で、自分の今までの歩みを振り返ってみてもいいのではないでしょうか。

ここで紹介するのは、「鮨 めい乃」（寿司・東京）、「鮨 三心《さんしん》」（寿司・大阪）、「渡辺《わたなべ》料理店《りょうりみせ》」（フランス料理・東京）。どの店も、まず料理人の経歴がおもしろい。なおかつ、経歴が現在の店にしっかりと紐付いていることで、個人のヒストリーが店のストーリーとしても成立しているのです。

### ・鮨 めい乃――寿司の名店での修業に加え、ソムリエ資格ありの女性寿司職人

鮨 めい乃の店主、幸後綿衣《こうごめい》さんは名店「鮨あらい」（寿司・東京）で修業中、個室を任されていました。そこで確実にファンを獲得し、満を持して独立。ただし「女性」の寿司職人というのは珍しいにしても、名店で修業を積んだ人ならば、ほかにもたくさんいます。

では幸後さんの何が特別かというと、あらいで修業中に、なんと1年間フランスに渡ってワインを学び、ソムリエ資格を取得。そして今、幸後さんが東京・麻布十番に構えている寿司店は、「寿司とワインのペアリング」が1つの売りになっています。

店内に入ると、まず、大きなワインセラーにずらりと並んだ銘醸地のワインが目に入ってきます。しかも、フランス料理店であってもワインを横向きに置いているところが多いなかで、めい乃ではすべて縦置きというこだわりようです。

ワインは空気に触れる面積が多いと酸化が進みやすくなるうえ、ワインとコルクがずっと触れているのもワインの味や質の劣化を招きます。

また、横向きに置かれていたものを取り出して縦向きにすると、沈殿していた澱《おり》が舞い上がってしまうため、すぐにグラスに注ぐと澱が入りやすくなるという難点もある。だから、すべて縦置きにしているのです。


少しでもワインを知っている人ならば、この置き方を見るだけでも「すごくワインに力を入れていて、大事に扱っている店なんだな」とわかります。

そこに「ソムリエ資格がある」という納得の情報が合わさり、さらに寿司そのものも、ワインとのペアリングも素晴らしいとなれば、また納得、また感動で、この店が一気に好きになってしまうというわけです。

## ・鮨 三心——寿司職人としては異色の経歴が可能にした創作寿司

鮨 三心の店主、石渕佳隆《いしぶちよしたか》さんがおもしろいのは、キャリアのスタートが「お任せ」ではなく「お好み」で寿司を出す店だったこと。お任せの高級寿司店で修業し、独立する寿司職人が多いなかでは異色の経歴の持ち主といえます。

この経歴がどう現在につながっているかというと、2つあると思います。

1つは、段取りのよさからくる所作の美しさ。

寿司職人はみな所作に無駄がなくて美しいのですが、石渕さんの所作の美しさは、いつ、どんな注文が入るかわからない環境で、臨機応変に対応してきたからこその段取りのよさがベースになっているように感じます。


もう1つは寿司の自由さです。

三心に行くと、いわゆる江戸前とは違う寿司、たとえばハーブを使った巻物や、ぶり大根の寿司など大胆な創作系の寿司が出てくるのです。もちろん、大胆なだけでなく、寿司の構成に説得力があり、美味しい。こうした感性も、おそらく「江戸前」であることに強いこだわりを持つ店ではない場所で修業を積んだからこそ、培われたものなのでしょう。

もちろん、意表を突けばいいという話ではありません。王道から中途半端に外れて大失敗しているケースも見かけます。

その点、石渕さんは、王道とは違うものを、王道を愛する人にも認められるようなレベルにまで昇華させているところがすごい。異色の経歴の持ち主というストーリーが加わると、「それが理由なのかな」という納得感とともに、いっそう美味しく感じられるというわけです。

### ・渡辺料理店——料理はカジュアル、だけど高級フレンチの美味しさ

渡辺料理店はフランス料理といっても高級なレストランではなく、カジュアルなビストロです。

店主・渡邉幸司さんは、グランメゾンとして名高い銀座「レカン」の料理長を務め上げたという人物。カジュアルなビストロへの転身は、「もっと気軽にフレンチを食べていただきたいから」とのことですが、元グランメゾンの料理長の言葉ともなると、その重さはひとしおでしょう。

カジュアル路線への転身といっても、料理にかける熱意は、やはり並大抵ではありません。開業前に豊洲市場の鮮魚店で何カ月も勉強したそうで、業態はカジュアル化しても目指すものはさらに高尚であることが窺われます。

すべての料理にビストロへの本気度を感じさせますが、なかでも特筆すべきは、コース最初に出される「自家製シャルキュトリーの盛り合わせ」です。

シャルキュトリーとは、ハムやソーセージ、パテなど、食肉加工食品全般を指しますが、大衆料理であり、グランメゾンではまず出されません。つまりビストロという業態を選んだからこそ提供できる一皿。しかも、白レバームース、ブータンノワール、ポークロースハム、パテドカンパーニュと、グランメゾン出身のフレンチシェフが本気でつくったシャルキュトリーは、どれも驚くほど美味しいのです。

そのあとに続く、スペシャリテであるオマール海老のビスクリゾット、メヒカリのフリット、エゾアワビのベーコンフラン、アナゴのムニエルなどは、鮮魚店で勉強し直した成果の現れなのでしょう。

そしてメインは和牛ほほ肉、最後の締めには子羊のカレー。どれもビストロらしいカジュアルな料理ながらも、どの一皿も美しく仕上げられており、グランメゾン時代に培われた細部へのこだわりが1ミリも失われていないことを感じさせます。

何より「カジュアルなトーンでこれだけの料理が食べられるとは！」という貴重な食体験をさせてもらえるビストロなのです。

渡辺料理店の料理は、いわば高級フランス料理からのダウングレードです。しかし、たしかな腕により生み出される料理、シェフの名を冠した「渡辺料理店」という素朴なネーミングや、東京の下町である門前仲町という立地も含め、カジュアル化することが1つの価値として成立している、そんな成功例といえるでしょう。

# テロワール――「土地そのものを食べさせる」という最強ストーリー

「飲食店の成功の鍵は立地」という飲食業の常識の裏側には、「都心部からアクセスが悪い地域は不利」というまた別の常識があります。でも本章の冒頭でも述べたとおり、一見好立地である「一等地の商業施設」に出店したからといって、流行るとは限りません。

裏を返せば、不利と思われがちな「地方」を、むしろ強みにすることもできる。なぜかというと、地方には、都心では得づらいものが備わっているからです。

それは「テロワール」、つまり地域ごとの特性です。

「この土地ならではの食材」「この土地に根ざした食文化ならではの調理法」――ストーリーをわざわざ練り上げずとも、こういう「もとから存在する、ありのままの地域性」が、日本中のお客様を（場合によっては海外のお客様も）惹き付ける最強のストーリーになりうるのです。

実際、ここ数年で私がもっとも心惹かれているのも、地方にある店の「ローカル・ガストロノミー」です。これは「地産地消」からさらに一歩進み、その地域で生産された食材を使うだけでなく、その土地の風土や歴史や文化を料理として表現する試みのこと。

テロワールを売りにする場合、お客様に対する情報設計は、それほど大変ではありません。「この土地でつくられたものだけ」「うちの畑でつくったものだけ」とプレゼンすれば、それだけで一定の評価は得られるからです。ただし、料理の内容を伴わせ、人気店へと成長するには相応の努力と技術が必要であるのも事実でしょう。

全国からいい食材を取り寄せたほうが、いわゆる「美味しい料理」はつくりやすいに違いありません。それを「この土地だけ」「うちの畑だけ」とするのは、アピールポイントであると同時に制約でもあるわけです。

このハードルを乗り越え、制約から生まれる個性を価値につなげることができれば、テロワール、ローカル・ガストロノミーというストーリーを持って正真正銘の人気店になっていけるでしょう。

その文脈で紹介したいのが、「ペシコ（pesceco）」（フランス料理・長崎）、「ヴィラ・アイーダ（villa aida）」（イタリア料理・和歌山）です。

## ・ペシコ――「里浜料理」で島原のテロワールを表現

その土地でつくられた食材、さらには風土や歴史や文化そのものがストーリーですが、「そのストーリーにふさわしい語り部」かどうかという点で「説得力」があると、なおよしです。

ペシコの店主・井上稔浩《たかひろ》さんは、長崎県島原市で生まれ、両親が営む鮮魚店で育ったという人物。まずこの点で、文句なしに「有資格者」といえるでしょう。

よく山間部の地域の料理を「里山料理」と呼びますが、井上さんが謳《うた》っているのは「里浜料理」。里の浜、つまり故郷・島原で水揚げされた海産物を主に使い、島原の食文化に根ざした料理です。

たとえば、私が訪ねたときの1品目は、「浜辺の散歩」と題した一皿。片口いわしの塩辛をさつまいもに載せて食べる島原の郷土料理が、砂浜を模したあしらいで供されました。料理の下には本物の砂浜の砂が敷かれており、井上さんが幼いころから見ていた砂浜に連れて行ってもらったかのような気分に浸れます。

この象徴的な一品に始まり、すべて地元で獲れたウニ、カキ、オコゼ、タコ、ワタリガニ、アワビと海鮮中心の料理が続きます。

そして最後には、その日にいただいたすべての海鮮でとった出汁にサフランを重ね、さらに天然のアナゴを加えた鍋。ここに至り、まさに島原という地域性を丸ごと味わわせてもらったという至福感に満たされるのです。

その土地に生まれ育った人が、その土地で生産された食材を使って、その土地の文化に根ざした料理をつくる。このように1つも無理がなく、すべてが自然に調和していることほど、贅沢な食体験はないといっても言い過ぎではないでしょう。

「これぞローカル・ガストロノミー」――訪れる人にそう実感させる価値が、東京から飛行機で長崎空港へ、さらに車で約1時間半というアクセスの悪さにもかかわらず、ペシコを予約困難店にしているのです。

## ・ヴィラ・アイーダ――店主の畑直送の野菜で「土地」を味わわせる

ヴィラ・アイーダは野菜料理のレストランです。それだけ聞くとよくあるように思えるかもしれませんが、野菜へのこだわりが飛び抜けている。レストランの隣にある畑で、シェフ自ら年間約３００種もの野菜を育てているのです。

コースには魚料理や肉料理も含まれますが、付け合わせはもちろんソースにも野菜がふんだんに使われており、どこまで行っても主役は野菜。そして、すべての料理の野菜が「そう調理されるべくして調理された」という必然性を帯びており、抜群に美味しいのです。

そんな料理を一口でも味わえば、シェフが自分で畑をやっているのも納得です。地元産の野菜を購入するのではなく、自分が料理で表現したいことを実現するために、使う食材から自分で育てているというわけです。


ヴィラ・アイーダに行ったとき、本当に豊かな食とは何だろうと考えてしまいました。それはきっと、世界各地の高級食材をふんだんに使った料理を食べることとは限らないのでしょう。その土地に、その食材に、その料理に、どんなストーリーが込められているかに思いを馳せる。これこそ豊かな食行動なのではないか。

そんな気持ちにさせてくれる店だからこそ、地方という立地が難点どころか魅力となり、多くの人を惹き付けているのです。

# すべての「なぜ」に答える
# ――ストーリーを1ミリもずらさないこと

飲食店のストーリーには「一貫性」が必要です。

小説や映画のストーリーが支離滅裂では何も感動できないのと同じく、飲食店のストーリーも、たとえばコンセプトがブレブレだったり、プレゼンテーションと内実が合致しなかったりしたら、お客様を惹き付けることはできないでしょう。

いってみれば、「これで行こう」と決めたストーリーを1ミリもずらさない。そのためには、すべての「なぜ」に答えられるように意識するといいと思います。

ここで挙げるのは、私が手掛けた飲食店です。いかにコンセプトを練り、そのストーリーをずらさないようにしているのか。それは作り手が一番わかっているところなので、手前味噌にはなりますが紹介させてください。

## ・九九九――壁、柱、店内の構成、すべてに1つのストーリーを通わせる

私たちは現在、4つの飲食店を運営しています。そのなかで2024年11月にオープンした「九九九《くくく》」は、お茶と和菓子のフルコースの店です。寿司店のように、カウンターに立った和菓子職人が目の前で和菓子をつくり始め、できたての和菓子を最高級のお茶と一緒に召し上がっていただくというコンセプトです。

和菓子というと、ショーケースに並んでいるものを買うことが大半ですから、「できたての和菓子」を食べたことがある人は少ないと思います。

では、なぜ、できたてにこだわっているかというと、第一には、できたての和菓子ならではの温度や感触を味わっていただきたいからです。そして第二に、職人の手のなかでみるみるうちに美しく成形されていく様は、それだけでエンターテインメント性が高いと感じた、というのもあります。

そして和菓子を売りにするなら、お茶が欠かせない。ということで、この店の基本にあるのは千利休に対するリスペクトです。それが、なぜ、九九九と名付けたかというところにもつながっています。

茶の湯を確立した大偉人・千利休に少しでも近づきたい。しかし、どこまで行っても永遠に追いつくことはないから、千に1つ足りない「九九九」。そんな意味合いを込めたかったから、というのが店名の由来なのです。

店の構成や内装にも、このコンセプトが隅々まで行き届くように設計しました。茶の湯ならば茶室をつくればいいかと思いきや、それでは現代のお客様の利便性に合致しないところが出てきてしまいます。

小さなにじり口から入り、狭い茶室で和菓子とお茶を楽しんでいただくのもいいのですが、私としては、茶道に親しんだことがない人にも、最高の和菓子とお茶を楽しんでいただきたかった。そこで思いついたのが「野点《のだて》」です。

屋外で茶を点《た》て、和菓子とともに嗜む――これを今様に置き換えれば、テラスでお茶を飲むというイメージです。そこに千利休リスペクトを反映させる。そんな構想のもと、建築デザイナーの方と相談しながら店内の構成と内装を組み立てていきました。

九九九の内装は、店の入口から少し進んだあたりまでは粗いテクスチャーの土壁で、木製の柱には木の皮が付いています。客席に入ると、それがきめ細やかなテクスチャーの土壁に変わり、木製の柱も皮を剥《は》いだツルツルのものになります。

なぜ、そうなっているのかというと、入口から客席に至るまでは、まだコンセプト的には「家の外」であり、客席で初めて「家のなか、そしてテラス」へ至ることになるという「内と外の違い」を演出するためです。このように、「テラスでの野点へとお客様をお誘いする」というイメージを空間で表現しているわけです。

客席からさらに進んだ先には、もう1つ空間を設けました。そこには、千利休の創意に基づき茶碗をつくっていた長次郎作の茶碗をはじめ、美術的価値の高い茶碗やアート作品が飾られています。これは茶室のイメージを反映した空間です。

茶の湯は単にお茶を嗜むだけでなく、茶器や花器を愛でるものでもあります。その伝統に則り、お茶とともに和菓子を楽しんでいただいた後は、お客様を次の間にご案内して茶器やアート作品も楽しんでいただこうという趣向なのです。

なぜ、できたての和菓子にこだわるのか。なぜ、店名は「九九九」なのか。なぜ、入口から客席にかけて土壁や柱のあしらいが変わるのか。なぜ、すべての空間を客席で埋めず、アートなどが飾られている遊びを設けたのか。

すべては書ききれませんが、九九九のプロデューサーとして、すべての「なぜ」に答えられる自信があります。

もといい、1ミリのズレもないストーリーでお客様の心をつかむには、すべての「なぜ」に答えられるようでなくてはいけないと思っているのです。

# コンセプトとは制約であり、制約が個性を先鋭化させる

コンセプトとは、言い換えれば店に「制約」を課すということです。一貫性のあるストーリーを語るには「何でもあり」ではなく、「当店のコンセプトに照らして、これはありか、なしか」という判断がつきものであり、当然ながら捨てるものも多くなるでしょう。捉えようによっては、制約があるのは窮屈で面倒なことかもしれません。

「さまざまな属性のお客様に来ていただかないと売上が立たない」という考えから、何でもやることを善とする向きもあるでしょうし、実際、それが求められる状況もあると思います。たとえば、あまり周囲に飲食店がない住宅街で地元の人たちをお客様とする店だったら、老若男女それぞれのニーズに応えられるようにしたほうがいいでしょう。

しかし、何かしらの個性でお客様を惹き付けることを考えると、むしろコンセプトとい

う制約がプラスに働きます。その制約があることで、店のストーリーが1つの無駄も無意味もなく収斂《しゅうれん》され、個性が先鋭化するからです。

さまざまな属性のお客様には響かなくても、1つのコンセプトのもとに収斂された個性に惚れ、定期的に通ってくださるファンが一定数いることで大きな売上を立てている。本書に登場するのはすべてそういう店といえるのですが、ここではもう1店舗、私たちが運営する「ウブ」（洋食・東京）を例として挙げさせてください。

## ・ウブ――「それはウブだろうか？」が合言葉

ウブのコンセプトは、「自分が初心《ウブ》だったころの気持ちになれる洋食屋」。ハンバーグやオムライス、ファストフードなど、ウブだった「あのころ」に食べていた料理をアップグレードさせて提供するほか、空間にも童心に戻れる仕掛けがあります。

それは、カウンター席の眼の前に並んだ、さまざまな年代に流行ったマンガの第1巻初版本。現在は1930年代から2020年代のマンガが並んでいます。

きっと誰にでも「幼いころに夢中で読んだ思い出のマンガ」があるはずです。

実際、ウブの席につくや否や、お客様は決まって「懐かしい！」と歓声を上げられます。そして、お客様同士、あるいはカウンターに立つ店の者とマンガ談義に花を咲かせながら、ウブだったころに食べていた料理とワインを召し上がるのです。

さて、このウブでは、スタッフミーティングのときによく出る言葉があります。

「それはウブだろうか？」

特に新メニューを検討しているときに出ます。

ウブは洋食屋です。成熟した大人のお客様にご満足いただけるよう、すべての料理を最高レベルにつくり上げようと努力していますが、あくまでもコンセプトは「ウブ」。そして洋食といえば「ハンバーグ」や「オムライス」「ナポリタン」「ハンバーガー」などです。

では「カルパッチョ」はどうかというと、自分がウブだったころに「カルパッチョ」なんて料理は知らなかった。つまり「それはウブではない」から、新メニューとして採用されることはない、というわけです。

では「アメリカンドッグ」はどうでしょう。幼少期にアメリカンドッグを頬張った記憶は誰にでもあるはず。つまり「それはウブである」から採用、となります。

このように、ウブという店は「自分がウブだったころの気持ちになれる洋食屋」というコンセプトが制約となって、出せる料理と出せない料理がある。はたしてこれはデメリットでしょうか？

私はそうは思いません。なぜなら、先ほども述べたとおり、コンセプトという制約が飲食店としての個性を先鋭化させるという確信があるからなのです。

# 「情報がない」というのも「美味しい情報」になりうる

これからは飲食業もどんどんプレゼンすべき時代。その1つの手法として、お客様が大好きな「ストーリー」を見せるという話を、実在するレストランを例に挙げながらお話ししてきました。

飲食店のストーリーは、たとえばお客様の心の琴線に触れる「美味しい情報」に宿り、料理を通じた思想・哲学の「プレゼンテーション」に宿り、料理や店の「コンセプト」に宿る。他方、逆説的ですが「情報がない」というのも、実は「美味しい情報」になりえます。

今は飲食店の情報が簡単に手に入る時代です。キーワード検索をすれば、店の外観から客席の様子、料理、訪れた人たちの評価まで詳細にわかってしまう。

そんななか、「すごくいい店らしい」「美味しいらしい」という漠《ばく》とした情報が聞こえてくるばかりで詳細がわからないと、人は自然と関心を抱きます。「実際、どんな店なんだろう？」と。「食べログ掲載拒否」の飲食店などは、その典型例でしょう。
ここでは、そんな店の１つ、「メゼババ（mesebaba）」（イタリア料理・東京）を紹介します。

## ・メゼババ――「連絡先すら不明」「予約は数カ月待ち」に自ずと高まる期待

どの国の料理にも高級路線と庶民路線がありますが、個人的にはイタリアは庶民路線の料理が特に優れていると思ってます。向こうの言葉でいえば、レストランを指す「リストランテ」よりも、大衆食堂的な「トラットリア」のほうが食文化としておもしろいと感じます。

メゼババは、そんなトラットリア的な料理を自分なりに翻訳し、最高級の食材を使ってオリジナルの大衆イタリア料理を出している店だったのです。大皿でドカンと出される料理の見た目は素朴そのもの。でも、どの料理も滋味深くて、どこか懐かしく、そして涙が出るほど美味しいのです。

現在は移転しているのですが、当時、東京の亀戸《かめいど》にあったお店に行ったときのことは鮮明に覚えています。一例を挙げると、卵と黒こしょうだけでつくる「貧乏人のパスタ」。リストランテではまず出てこないような「ザ・大衆料理」なのですが、それがメゼババのスペシャリテ的な一皿になっている。そこからして、トラットリア料理にかける意志が伝わってきます。

メゼババは食べログ掲載拒否につき、連絡先は不明です。私も長いこと「予約は数カ月待ち」という情報と、食通の友人たちの絶賛の声ばかり聞いていました。

そのメゼババにようやく行けることになったときの期待の高まり、興奮が格別だったことはいうまでもないでしょう。

もちろん中身が本当に優れているからなのですが、情報がないことがかえって「美味しい情報」となってお客様を惹き付け、高まる期待、そして最終的には高い評価につながるということも、たしかに起こりうるのです。

メゼババのお店は、更なる進化を遂げています。シェフの高山大さんは、2022年元旦に属性に甘んじてはいられないと「イタリア料理からの脱却」を宣言。2023年に外苑前へ移転しました。さっそく伺いましたが、レモンのパスタや松茸ご飯、四万十川の鮎など、イタリア郷土料理から、「素材で勝負」ともいうべきシンプルな料理になっていて驚きました。

華美な演出を取り払った本質的な料理は、まさに「侘び寂び」という言葉がピッタリです。「守破離」という言葉が日本にはありますが、守るから、破るを超えて、離れるの境地に達したように感じます。これから髙山さんがどんな「髙山料理」を見せてくれるのか、楽しみで仕方ありません。

# 「2号店」の成功も1号店からのストーリーにかかっている

人気店になると、満席のため予約をお断りせねばならないケースが増えてきます。そこで2号店を出すかどうかは、悩みどころでしょう。ラーメン店など大衆的な店でも、行列のできる店が支店をつくるべきかどうかは方針が分かれるところです。

そこで1つ、ご参考までに私の見立てを示すとしたら、「同系列、別コンセプト」と考えると、よりおもしろい展開になるかもしれません。

というのも、まったく同じ料理を出す店を始めるのは、「いつでも行ける店（だから今日は行かなくていい店）」になってしまうという、一種のブランド毀損《きそん》になりかねないからです。

現実問題として、地方の人気店が東京に支店を出したとたん、本店から行列が消えたというケースもあります。

その理由は、おそらく、今までは「その地域に行ったときだけの楽しみ」だったものが、「東京でも（いつでも）食べられるもの」になったために、その地域に行ったときに本店で食べたいと思う人が激減してしまったからでしょう。

たくさん支店がある繁盛店もあるので一概にはいえませんが、1つの考え方として、1店舗目が人気を得ていればこそ、その血筋を保った別コンセプトに挑戦する。それが既存のお客様の期待を高め、期待を超えるものを提供できれば、さらなるファンの獲得につながる可能性は大いにあると思います。

そこでぜひ紹介したいのが、「ルーツナカノシマ（Rooots Nakanoshima）」（フランス料理・大阪）です。

### ・ルーツナカノシマ――何がそれほど既存客を期待させたのか

ルーツナカノシマについて語るには、広島にある「中土（NAKADO）」から始めなくてはいけません。中土は、その名も中土征爾《せいじ》さんというシェフが手掛けるフランス料理店で、使用する食材のほとんどが広島県産です。

料理は実験的で意欲的。もとは和食で腕を磨き、洋食、イタリアン、フレンチと店を渡り歩くなかで練り上げられたものなのでしょう。

かといって広く浅くではなく、中土さんはフランス料理を深化させるべく本場で学んだ経験も持ちます。初めてナカドで食事をしたとき、たしかな技術が広島県のテロワールへのこだわりを支えていることに感動しました。


本題はここからです。その中土さんが大阪に構えた2号店、それがルーツナカノシマなのです。

中土は、テロワールへのこだわりが制約であり、同時に個性にもなっているのですが、大阪ではその制約を外して、全国の食材を贅沢に使っています。つまり、ルーツナカノシマこそが「中土さんの全力」を体験できるレストランといえるのです。


といっても、最初から「制約ナシ」では、あまり響かなかったはずです。また、広島県内でルーツナカノシマと同じようなコンセプトの2号店を出しても、やはり、あまりおもしろいとは感じられなかったに違いありません。

ずっと広島のテロワールにこだわってきた中土さんが、今度は大阪、しかも都市部で店を出す。中土のすごさを知っているからこそ、「その制約が外れたら、いったいどんなすごいことになるのだろう」という期待が膨らむ。2号店の出し方として、これほど見事な例はなかなかお目にかかれません。

# 第3章

# 付加価値が店のブランドを決定する！

結論！

# 「席数×単価」「原価率」の発想を脱却する

第1章でも指摘したように、従来の飲食業の常識は往々にしてブラック化に結びつきがちです。「席数×単価」で売上を考えると、安易に単価は上げられないので、回転数を上げて席数を増やすなど、結果として長時間営業につながってしまう。どうしても働いている側に大きな負担がかかります。

たとえば新型コロナウイルスの感染拡大に伴い、多くの飲食店が休業や時短営業を強いられた時期がありました。

そんななか、それまでは2回転でやってきたものを、昼夜通し営業で5回転させた店もあるようです。お客様はゆっくり過ごせず、スタッフは疲れ果て、店主自身も日に日に苦労の色が濃くなるという残念なことになってしまったそうです。

これは異常事態での話ですが、そんな話を聞いて、改めて単純な「席数×単価＝売上」

という考え方のリスクを切に感じたのです。

「原価率」も本質的には同じこと。いくら腕を振るって美味しい料理を出しても、常識とされる「原価率30％」に縛られていると、利益はそれなりに留まります。結果、働いても、働いても、豊かになれない。これもブラック化につながる一因でしょう。

長年の私の疑問なのですが、飲食業には、何か「清貧」でなくてはならないというような不文律でもあるのでしょうか？　聞いた話ですが、ある日本料理店の大将がポルシェに乗っていると知って、「俺たちが払っている高い金がポルシェに化けたのかよ」などと苦々しげにいう人もいたそうです。とても違和感のある話だと思います。

何年もかけて腕を磨き、技術の粋《すい》を集めて最高に美味しい料理を出す。そこには「原価率」などという単純な指標を超えた計り知れない付加価値があるはずです。にもかかわらず、その価値が、どうも不当に軽んじられているように思えてなりません。

残念なことに、飲食業に携わる人たちのほうにも、正当な対価を受け取っていいはずが、「それは儲け主義である」というような意識が知らずと刷り込まれているようにも見えるのですが、みなさんは、どう考えますか。

本章では、飲食店の「付加価値」について考えていきます。

自分の店の付加価値は何か。安易に高級食材を使うなどではない、地に足のついた説得力のある付加価値、それが「ブランド」になったとき、無理をすることも原価率に縛られることもなく、大きな売上を出していくことが可能になるでしょう。

# 通常より高くても「説得力」があれば、お客様は喜んで払う

世のなかには「安さ」で外食を選ぶ人も多いと思いますが、一方には、「美味しければ高くてもいい」という人もたくさんいます。そういうお客様を心から満足させることで、原価率に縛られず、正当な高い利益を上げている飲食店が実際に存在するのです。

もちろん、安易に単価を上げるだけではダメです。高いお金を払っていただくには、そうしたいと思える理由が必要です。

つまり、お客様は「この店に、これだけのお金を払う」ということに納得したい。そこに説得力があると、たとえば「安くて美味い」が当たり前だった大衆料理でさえアップグレードさせ、お客様も納得したうえで、高い対価をいただけるようになります。

ここでは、そういったお店の代表格と私が感じている「kitchen俊貴《としき》」（洋食・名古屋）、「グシテ（gucite）」（イタリア料理・大阪）、「ビリヤニ大澤」（インド料理・東京）、「アカ（acá 1°）」（スペイン料理・東京）を紹介しましょう。

## ・kitchen 俊貴――「大人の舌を満足させる洋食」という付加価値

kitchen 俊貴は名古屋にある洋食店です。高級料理といえば、寿司、天ぷら、鰻、ステーキ、フレンチのフルコースなどが相場であるところ、kitchen 俊貴は、もともと大衆食である洋食を一流料理に引き上げました。

私自身が手掛ける店では食事のケータリングサービスも提供しているのですが、VIP層のお客様の間で驚くほど多いのは、実は「洋食を出してほしい」というご要望です。毎日のように、寿司だ、天ぷらだ、ステーキだ、と高級料理ばかり食べていると、たまには幼いころに大好きだったハンバーグやオムライスを食べたいと思うものなのでしょう。

そうはいっても、本当に幼いころに食べたままの洋食では、舌が肥えきったVIP層は満足できないかもしれません。

だとしたら、そこで勝負できる洋食とはどんなものだろう。もし洋食をアップグレードさせるとしたら、どうなるだろう。

こんなふうに漠然と考えていたら、名古屋に実在した――それがkitchen 俊貴だったのです。2019年にオープンしてから、あっという間に評判を呼び、訪れる人が引きも切らぬ人気店になりました。

その料理はというと、ハンバーグ、ビーフシチュー、魚介のフライ、クロケット（コロッケ）などを中心に構成されたコース料理。つまり見紛うことなき「洋食」が出てくるわけですが、どれも一流の食材を使い、たしかなセンスと技術、手間暇を総動員して丁寧につくられていることが伝わってきます。

洋食を一流料理にアップグレード。その付加価値が上滑りすることなく、揺るぎない説得力を帯びているからこそ、一般的な洋食より高くても喜んでお金を払うお客様がたくさんいるのです。なかなか予約が取れないほどの人気が、何よりの証でしょう。

## ・グシテ——「高価な家庭・大衆料理」に見る揺るぎない説得力

グシテの付加価値は、イタリアの家庭料理・大衆料理を一流の料理にアップグレードさせたこと。こちらも、今や新規のお客様は受け付けられないくらいの人気店です。私もなかなか頻繁には行けないながらも、何とか1シーズンに1回は訪れている数少ない店です。

オプションでワインのペアリングもしてもらえる料理は、トリッパやツナなど大衆料理の定番食材を使い、どれも何ひとつ奇を衒《てら》うことなく「これぞ、イタリアのマンマの料理なんだろうな」とほっこりさせる素朴さ。それでいて、とんでもなく美味しい。

そんなグシテの料理をいくつか挙げておきましょう。

たとえば、「豚のロースト」。バスク地方（フランスとスペインにまたがり、ピレネー山脈の両麓に位置する地域）のハムを低温調理したものに、イタリア料理の定番、ツナをベースとした「トンナートソース」がかかっています。

ソースの適度な酸味とハムの強い味わいのバランスが素晴らしく、シェフ厳選のナチュールワインとのマリアージュも素晴らしい。私の一番のお気に入りといってもいい一皿です。

もう1つ挙げると、手打ちの「タヤリン」。卵黄を使った「イタリア版玉子麺」に、たっぷりのパルミジャーノ・レッジャーノが削られます。日により具材は変わるのですが、パスタが具材とチーズの旨味をすべて吸ったかのような一体感には、毎度、驚かされます。

グシテの料理は、「家庭料理」「大衆料理」と呼ぶには高価なものです。しかし揺るぎない説得力があり、また行きたくなります。

こんな店はほかにないから、「イタリア料理、食べたいな」ではなく、「グシテ、食べたいな」と思わせる。つまり、家庭料理・大衆料理をアップグレードさせたという付加価値が、ほかにはない「ブランド」になっているのです。

## ・ビリヤニ大澤——すべては「最高のビリヤニを食べてもらう」ために

「世界3大炊き込みごはん」のひとつに数えられるインド料理の「ビリヤニ」。それをアップグレードさせたのがビリヤニ大澤です。

かつて日本でインド料理店といえば北インド料理が主流でしたが、近年では南インド料理も市民権を得ています。

南インドの定食「ミールス」の認知度が高まると同時に、ビリヤニもブーム化してきており、提供するインド料理店もかなり多くなっています。

ビリヤニ大澤は、出店にかかる費用をクラウドファンディングで調達、しかもたったの2日で目標額を達成しました、このことからも、世間のビリヤニ熱が窺われます。

ビリヤニは、カレーとバスマティライス（インド米）を多層にして炊き上げたもの。

この本来のつくり方ならば、仕上がりはふっくら、皿に盛ったときにはスパイスの黄色や赤色とライスの白色がまだらになります。

これが「いいビリヤニの証」ともいわれるのですが、そこまでよくできたビリヤニは、なかなかお目にかかれないのではないでしょうか。

でも、ビリヤニ大澤のビリヤニは違います。「本物」どころか、最高レベルにアップグレードされている。プレートにはスパイスとライスの美しいまだら模様が描き出され、食感は驚くほどふわふわです。まさに「いいビリヤニ」の頂点を極めたかのような一皿に、惚れ惚れとしてしまいます。

これほどのビリヤニを提供できるのは、腕のよさはもちろん、営業スタイルの勝利といってもいいかもしれません。

というのも、「理想のビリヤニをつくるには大鍋で大量に仕込むのがベスト」「一番美味しく食べてもらうには、炊きたてを提供するのがベスト」という考えから、インド料理店としては珍しく完全予約制、一斉スタートという形を取っているのです。

ちなみに、店主が「ビリヤニにベストマッチするのは、これ」とすすめるのはコーラ。

ほかの飲みものを注文しても怒られはしませんが、強く推奨されるので、みな「ビリヤニとコーラ」の組み合わせになるという、おもしろい光景も見られます。

しかし、よくよく聞けば、「コーラにもスパイスが入っているから、スパイシーなビリヤニを最高に引き立てる」「それもキンキンのコーラがいいから、約マイナス3〜4℃に設定している」など、まったく隙がありません。

飲みものの1つも決して侮らず、「最高に美味しいビリヤニを食べてもらう」という哲学が行き届いている。そこにビリヤニ大澤のブランド力が宿っているのです。

### ・アカ——スペイン料理を日本向けにアップグレード

「アカ」は京都で名を馳せたスペイン料理の名店。京都から東京・日本橋に移転しました。そして麻布台ヒルズに「食堂aca」をオープンしました。

アカの付加価値は、ひと言でいえばスペインの郷土料理をアップグレードしたこと。といっても単なる高級志向ではなく、スペインの郷土料理にユニークな解釈を加え、スペイン料理の持つ自由なイメージを体現するように「美味しさ」の上に「楽しさ」を重ねているところが、ほかにはない価値だと思います。

東京に移転して最初に伺ったとき、店いっぱいに満ちている「陽」の空気は変わらない一方、空間や料理の美しさの感度は一段上がり、郷土料理を昇華した部分がより強調されたという印象を抱きました。

たとえば「コハダとトマトパンのボカディージョ」はアカが誇るスペシャリテの1つです。ボカディージョはスペインの「サンドイッチ」。そのパンの生地とビネガーでマリネしたコハダが絶対的な相性をつくっています。

また、「ガスパチョ」といえば赤いイメージですが、アカのガスパチョは無色透明です。しかし一口含んでみると、トマトの甘みと酸味がしっかりと感じられ、主役である天草産ウニと白エビの味わいをしっかりと底上げしているのです。

さらに「鮎のガチャミーガス」はクレープのような生地に鮎のフリットを合わせた一品。タレに一定のジャンク感があることがストリートフードのようなエッセンスを感じさせますが、ここに木の芽やネギを重ねることで、料理のレベルが一段上がっています。

そして、定番のパエリア。この日は「毛ガニのパエリア」で、もちろんパエリア自体も美味しいのですが、添えられている「アリオリソース」が絶品なのです。「アリオリソース」は、スペインのカタルーニャのソースで、マヨネーズのように用いられています。アカではこれに山椒が加えられています。山椒が入ったおかげで、エッジの立った風味豊かなソースに仕上がっていました。

このように見ていくと、「スペイン料理」といっても「日本だからこそのスペイン料理」を完成させていることが、アカの魅力であることが伝わるのではないでしょうか。

日本の旬の食材がスペイン料理の解釈で躍動する、まさにその様を体験できるというのが付加価値になっているのです。

# 一点集中で「自分だけのポジション」を獲得する

何かに特化することを付加価値とするのも、店のブランドを確立するひとつの方法です。前に、多くのお客様を取り込みたいばっかりに何でも提供するのは、個性を売りとすることで人気店になっていくうえでは、得策ではないと述べました。むしろ真逆を行って、一点集中で自分だけのポジションを勝ち得たほうが、ブランドは確立されやすいでしょう。

あれもこれもと範囲を広げると、どうしても個性は薄くなってしまいます。多くを狙うと、多くを取り逃がしてしまう。ならば、むしろ何かしらに特化して店を設計したほうが、その点に強く惹かれる人たちの間で評判を呼び、自然と人が集まる人気店になっていく確率が高い。要は「濃いファン」をつくるということです。

ここでは、そんな一点集中型の付加価値がブランドとなってファンを獲得している「樋山」（日本料理・埼玉）、「万《よろず》」（日本茶バー・福岡）」を紹介します。

## ・樋山――体から匂い立つほどの松茸づくし

「一生分の松茸が食べられる」――そんな評判を聞きつけて訪れたのが樋山でした。最初に種明かしをしてしまいましたが、樋山の一点集中は「松茸」です。松茸の季節以外の期間は別の食材に特化しているのですが、やはり樋山といえば松茸、なのです。「一生分の松茸」というのは大げさではありません。最初に見せてもらえる山盛りの松茸は、圧巻そのもの。それが茶碗蒸しに土瓶蒸しに塩焼きにしゃぶしゃぶに……と、さまざまな形に姿を変えて提供されます。

最初から最後まで、松茸に次ぐ松茸に次ぐ松茸。帰り道には、自分の体から松茸が香っているのを感じられるほどです。

焼肉店に行くと焼肉の匂いがつきますが、松茸を食べて松茸の匂いがつくなんて、そんな経験をする日が来るとは夢にも思っていませんでした。

特に驚いたのは塩焼きです。香りよく、かつ、びっくりするくらいみずみずしくて、今までの松茸の概念を覆されました。それほどの水分が保持されるには、「採れたて」であることが必須条件なのだそうです。

つまり、樋山には大量の、しかも採れたて新鮮な松茸を確保できる圧倒的な仕入れルートがあるということ。料理の技術はもちろん、仕入れの強みがあることが「松茸に一点集中」という付加価値を可能にし、樋山のブランドになっているというわけです。

## ・万――先駆けにして頂点にある日本茶専門店

万を唯一無二のものにしたのは日本茶を体験する世界観です。

薄暗い現代茶室空間で選りすぐりの高級日本茶と和菓子を提供する万は、日本茶専門店のパイオニア的な存在にして超ハイレベルなのです。

実は前述した九九九（お茶と和菓子の店）を私がつくるときにも、万を参考に勉強させていただきました。今でも福岡に行けば必ず寄りたい店の1つです。

万では、香り高い日本茶をアンティークバカラのグラスやワイングラスで提供したりもします。ワインはグラスの大きさや形状によって味わいが変わりますが、それは日本茶でも同様なのだと知りました。

店の中央には茶釜の炉が鎮座しており、ゲストが茶釜を囲むなか、非日常の空間で日本茶を淹れ、点ててくれます。

一煎目から二煎目、三煎目へと表情が変わっていくお茶を嗜むのは、ほかのバーや喫茶店では体験できない贅沢さ。そんな時間を過ごせるという付加価値が、日本茶専門店としての万のブランドを不動のものにしているのです。

# 味はもちろん、ビジュアルでも魅せる

お客様の口に入るものを提供している以上、飲食店が第一に追究すべきなのは「味」。これはどんなジャンルの飲食店でも不変の条件ですが、料理のビジュアルも重要です。「美味しい」という言葉のなかには「美しい」も含まれているくらいですから。それも他の追随を許さないほどのビジュアルを確立すれば、「まず目で楽しみ、そして舌で味わう」という付加価値が生まれるのです。

ここでは「エテ（ete）」（スイーツ／フランス料理・東京）と「ラ・カンロ（La Kanro）」（フランス料理・大阪）——もはや「アート」と呼んでも差し支えないほどのビジュアルが付加価値となり、多くのファンを獲得している成功例を紹介します。

## ・エテ――高単価にも納得の「宝石のようなケーキ」

エテのシグネチャーは、「フルール・ド・エテ」と名付けられたコフレ・デセール（宝石箱のデザート）。なかでも有名なのは、黄色いバラの花束のようなマンゴーのタルトです。フォークを入れるのがもったいないほど圧倒的なビジュアル。宝石のような美しさに、きっと誰もが息を飲むに違いありません。

エテのコンセプトは、「世界でただ1つの、小さな楽園」を形にすること。フランス料理の名店「フロリレージュ」でスーシェフ（副料理長）まで務めた店主・庄司夏子さんは、アートの力を自分の料理に引き寄せ、ものすごいレベルで「食のアート化」という付加価値を実現している人だと思います。

現に、『ヴォーグ』のようなハイファッション誌で彼女の記事を目にすることも。そればかりか、現代アーティストの村上隆さんとのコラボスイーツを発表したり、フラワーアレンジメントとコラボしたエテのスイーツがアートギャラリーで展示されたりと、レストランを飛び出し、アートシーンでも活躍しています。

また、庄司さんは料理のビジュアル以外のプレゼンテーションも優れています。一例を挙げると、2020年、「Asia's 50 Best Restaurants（アジアのベスト・レストラン50）」の「ベストパティシエ賞」を受賞後、「最優秀女性シェフ」を受賞することが夢と公言し、2022年、本当に受賞してしまったという有言実行の人なのです。

その夢の実現も視野に入れ、庄司さんは常に強いメッセージを発信してきました。受賞は、そんなブランドマーケティングの勝利ともいえるでしょう。

エテのケーキは決して安いものではないですが、単なる「ケーキ」を買うのではなく、「1つのアート作品」を買うと思えば、決して高くはない。その点で納得し、喜んでお金を払う人がたくさんいるから、エテのケーキは、告知が出るたびに即売り切れになるほど人気なのです。

### ・ラ・カンロ──目に、舌に美味しい、「花」を主とする世界観

ラ・カンロの世界観は店の入口から始まります。

ビルのエレベーターを降り、インターフォンを押して入店すると、まるで洞窟のようなアプローチを抜けてダークカラーのシックな空間にあるカウンターに辿り着く。神秘的と

さえ感じる空間が、まず非日常の体験を予感させます。

その予感は料理をもって的中します。特にラ・カンロを象徴する品を2つ挙げると、まず1つ目は、9種ほどのフィンガーフードの盛り合わせ。プレートには美しい草花がふんだんにあしらわれており、まるで花畑に迷い込んだかのようなのです。

もう1つは、ラ・カンロの名物として名高い生春巻きです。

ベトナム料理の生春巻きでも、透けている皮の内側にエビなどの具材をきれいに配しますが、ラ・カンロの生春巻きは、その比ではありません。ここでも「花」を主とする世界観が炸裂しており、色とりどりの花びらが芸術的に映し出されています。

しかも、なかに巻かれたオマール海老やフォアグラなどが、生春巻きの皮を咀嚼している間ずっと口のなかを循環し、味の面での設計も行き届いています。表層的に美しさを追究しているだけではない。料理のセンスと美的センスが見事に融合しているのです。

# 「極めたもの」は、必ず伝わる

飲食業界では、「変態」というのは1つの褒め言葉です。

たとえば、玄人やフーディーをして「そこまでやるか！」といわしめる、1つのことを追究して誰も及ばない域に達している、発想がとにかく図抜けている……。要は「すごすぎて意味がわからない」。そんな料理人や飲食店を人は「変態」と呼ぶわけです。

特に、美味しいものをさんざん食べてきたフーディーたちは、そんな「変態」的なものが大好きです。

料理の正攻法を超越して独自の方法論を確立していたり、とにかく情報量がすさまじかったりと「あの店はヤバい」と聞きつければ行ってみたくなる。そして何かを変態的にまで極めたものは、実際、お客様の琴線に響くものなのです。

ここで紹介するのは、「トゥ・ラ・ジョア（Tout La Joie）」（フランス料理・名古屋）、「くるますし」（寿司・愛媛）、「ラム＆ウイスキー（Rum and Whisky）」（バー・京都）、「終りの季節」（バー・東京）、「四川料理 巴蜀《はしょく》」（中国料理・東京）の5店。いずれも「極めたもの」でお客様を圧倒し、ファンにしてしまっている店です。

## ・トゥ・ラ・ジョア——科学者さながらの思考が織りなす「圧倒的工数」

トゥ・ラ・ジョア（現在は店名をトゥ・ラ・ジョア イズムに変更）が変態的にまで突き抜けているのは、とにかく料理の工数が多いこと。

手間をかければいいというものではありませんが、トゥ・ラ・ジョアの場合は、「食材をどう料理するか」の考え方が科学者さながら。実際、医療用の遠心分離機なども取り入れています。そして1つひとつの手間が理に適っていて、すべてが極上の美味しさにつながっているところがすごいのです。

たとえば、ある晩、私が訪ねたときに出された「甲イカとじゅんさいのカクテル」や「鰻のオーブン焼き」。店主の須本一信《いっしん》さんは同じ料理を二度とつくらないことで知られているので、まさに一期一会です。

そんな貴重な一皿一皿について、須本さんの説明が入ります。

甲イカとじゅんさいのカクテルは、まず長崎産の甲イカを氷温で5日寝かせ、ティッシュほどの薄さに切ります。ここに生のじゅんさいとカツオ出汁、ホタルイカの魚醤を加えて、イカのためのイカのソースをつくる。さらにキャビアで塩気をつくり、プロシュートのアミノ酸で旨味を重ねる。

鰻のオーブン焼きは、天然鰻（宮崎県産）の上に天然のタイ（愛知県師崎産）を載せて、パートフィロのシートで巻いてオーブンで焼きます。ソースには、醤油に実山椒、青ジソに青唐辛子、カンパリを詰めたものに奈良漬のエスプーマ。

もしテレビの料理番組で、こんなふうに一気に説明されたら、全員「ぽかーん」でしょう。プロの料理人なら至極納得で感心する話かもしれませんが、おそらく、料理の素人には須本さんが何をいっているのか、すぐにはほとんど理解できない。

ただし、淀みなく理路整然と話す須本さんの言葉が説得力に満ちたものであることは、素人ながらもわかります。たとえ通常のフランス料理の工数はよく知らなくても、きっと須本さんは通常以上のことをしているのだろうな、と伝わってきます。

シェフ本人が料理を極め、納得して費やしている圧倒的な工数の言語化と情報量は、その道の「わかる人」には「わかる」し、「わからない人」にも「なんか、わかる」。そこがトゥ・ラ・ジョアを超予約困難店にしている所以《ゆえん》なのでしょう。

## ・くるますし——地の利を活かし、「いい食材の確保」から極める

海岸線が長く、海産物の宝庫となっている愛媛県に店を構える、くるますし。地元産の魚介類に恵まれているのは寿司店の最大の強みといえますが、素材を深く深く追究している大将にかかると、「地元産の魚を活かす」というのが別次元に達します。

くるますしが極めているのは、調理以前の工程からです。信頼できる仲卸から仕入れている魚もありますが、大将自ら海に出て魚を獲る。しかも獲った魚はすぐに締めず、海水を入れた水槽にしばらく入れておきます。

何であれ食材の味が落ちるのは、ストレスによるもの。だから獲った魚をいったん海と同じ環境に置き、獲られたときのストレスが抜けたころに神経締めして料理に使うのです。

こうして食材のポテンシャルを最大限に高めてからの調理では、「素材を活かすこと」に全力が注がれています。とにかく余計なことをしない、余計なものを加えない。

たとえば「蒸しアワビ」は、アワビの体液だけで6時間蒸す。水すら加えないため、今まで味わったことがないほど濃厚な旨味が口のなかで爆発します。「伊勢海老の出汁」は、伊勢海老と水だけで何時間も煮詰める。塩を加えずとも、ミネラルたっぷりの天然の塩気で十分です。

くるますしに通底している哲学は、いってみれば「徹底的な引き算」です。素材を最大限に活かすために、「足すこと」ではなく「引くこと」を極める。そのためには、素材そのものがよくなくてはいけないから、自ら漁に出る。海の恵み豊かな愛媛という地の利を活かして、「最高の食材を獲得する」ところから料理が始まっているというわけです。

**・ラム&ウイスキー――「三十三間堂」と形容したくなる圧倒的品揃え**

店名のとおり、ラムとウイスキーを専門とするバー。これだけ聞くと、よくあるように思えるかもしれませんが、この店に一歩踏み入れたら、圧倒的な専門性に驚かされるはずです。

私は、ここでは主にラムを飲むので、京都という立地にちなんで「ラムの三十三間堂」と呼んでいます。壁面の大きな棚にズラーッと並んだ多種多様なウイスキーとラム。どこからどう撮っても棚しか映らないという店内のビジュアルが、まず突き抜けています。種類が豊富なだけでなく、店主の定元学さんの知識量がまたすごい。

ラム酒の原材料、サトウキビの生産地域は主に西インド諸島とアフリカです。ただし、原材料の生産国の人々が、元来、ラム酒をつくってきたわけではありません。本当なら彼らは、ラム酒という酒文化と出合うはずではなかった。それが出合ってしまったのは、列強国によって植民地にされたからなのです。

サトウキビの生産国の旧宗主国は、イギリス、スペイン、フランスなど。この甘い植物から酒をつくろうというときに、イギリス人はスコッチウイスキーの製法を持ち込み、フランス人はコニャックの製法を持ち込み、スペイン人はシェリー酒の製法を持ち込みました。

つまり、製造国ごとのラム酒のスタイルや味わいは、それらの旧宗主国によって違ってくるということです。

そんな蘊蓄《うんちく》を店主から聞きながら、「なるほど、このラム酒はイギリス系だからスパイシーなのか」などと考えつつグラスを傾ける時間は、ここでしか得られません。ラム（とウイスキー）を極めに極めている専門性ゆえに、また行きたくなるのです。

品揃えの種類は多いほうが多くのお客様のニーズに応えられるので、何かに特化するのは勇気がいります。何かに特化するとしても、中途半端な専門性では、うまくいかないのも事実です。

しかし本項の冒頭でも述べたように、「極めたもの」はお客様に伝わるものです。「どうせやるなら徹底的に極め、店内のビジュアルや知識、情報量で圧倒的に突き抜けてやる」くらいの意識で臨むなら、専門性を付加価値とするのもひとつの道でしょう。

## ・終りの季節──プロが教わりに通うほどの情報量

東京・六本木にあるワインバー、終りの季節は、食べログ掲載拒否で紹介制。立地こそ六本木のど真んなかですが、細い路地にある小さなビルの小さな一室。まさに「知る人ぞ知る」という風情の店です。

こうした隠れ家的な空間の魅力もさることながら、美味しいレストランもバーもたくさん知っている人たちを惹き付けているのは、なんといっても店主の圧倒的なワインの知識なのです。

ワインの歴史や文化、銘醸地や名手のワインについてはもちろん、今後人気が出そうな作り手や注目株のワインなどもよく知っています。

聞いていると、作り手の師弟関係やワイナリーの醸造責任者の転籍などの動向も押さえているので、情報の見立てが早く正確なのです。

高いコミュニケーション能力も持ち合わせている店主のワイン談義は、聞いていて本当に飽きないし、タメになる。ひとりのワインラバーとしても飲食店プロデューサーとしても、参考になることばかりです。

終りの季節は、ワインを「楽しむ」と同時に、楽しく「教わる」場所でもある。それは素人・玄人を問いません。ワインをビジネスにしている人にとっても、そうなのです。

私自身、彼にすすめられて飲んだワインに感動し、自分の手元にもストックしたくて買い集めたこと数知れません。

そのせいで、「見冨さんに教えると、そのワインが品薄になって値が上がるから困る（笑）」と苦情をいわれているほどなのですが、それは口だけ。いつも気前よく、惜しみなく教えてくれるので、そういう点でもファンづくりがうまいなと思います。

## ・巴蜀——料理のために大学院へ、大学院のために店ごと移転という徹底ぶり

巴蜀という店名の由来は、かつて中国にあり、今は四川省に当たる「巴州」と「蜀州」。その昔、四川省に実在した地名を冠したとおり、巴蜀は「温故知新」を旨とする四川料理店です。

四川料理には昔から「一菜一格、百菜百味」という言葉があるそうです。「1つひとつの料理に個性があり、百の料理があれば百の味がある」——そんな意味を持つ言葉を証明するかのように、巴蜀のコースはバラエティ豊かな品が並ぶ前菜でスタートします。

巴蜀のシェフである荻野亮平さんは、「料理人」であると同時にオタク気質の「研究者」でもあると私は思っています。

たとえばあるとき、前菜の後に出されたのは4種類の「棒棒鶏《バンバンジー》」。何が違うかというと、単に、あしらいや味付けが違うだけではない。異なる年代と場所でつくられていたものを再現しているのです。

1つは、1930年ごろに楽山の隣で生まれたという棒棒鶏発祥の味を再現したもの。

1つは、1960年ごろに重慶の隣の合州で有名だった棒棒鶏を再現したもの。このころに「ごまだれ」が流行りだしたそうで、ごまだれがかかっています。

1つは、1980年代に重慶のレストランで誕生した「よだれ鶏」の元となる棒々鶏を再現したもの。よだれ鶏のもとが棒棒鶏だったことすら知らなかったので、ここで「なるほど！」となります。

そしてもう1つは、1993年に成都で創業のレストラン「廖記《リャオジー》」の棒棒鶏の味を再現したもの。

この例だけでも、私がシェフを「研究者」と呼ぶ理由がおわかりいただけたと思いますが、それだけではありません。

四川料理といえば唐辛子——ということで、なんとシェフは唐辛子について学ぶために大学院に入学。しかも東京にある大学院に通うために、店ごと福岡から東京に移転してしまったのです。次に訪ねたときには、唐辛子を使った料理でどんな温故知新を表現してくれるだろうかと、今から楽しみでたまりません。

さらなる学びのために、店ごと移転してしまうという徹底ぶり。そこまでの研究者気質を備えた料理人、やはりただものではないでしょう。

学を極めることが料理を極めることにつながるという信念と意欲が、巴蜀を特別な店にしているというわけです。

# ネガティブ要素も「強み」にできる

都市部からのアクセスが悪い、設備に弱点があるなどの点は、飲食業を営むにはネガティブに思えることがあります。

しかしそれも、考え方や工夫によっては強みにできる可能性があります。どのような状況でも最初から諦めずに、「さて、これをどう強みに変えようか？」「ネガティブに見えて、実はポジティブなところは何だろうか？」と考えてみることが大切でしょう。

そこで紹介したいのが、「カテクオーレ（katecuore）」（フランス料理・佐賀）、「柚木《ゆき》元《もと》」（日本料理・長野）、「出羽屋《でわや》」（山菜料理・山形）、「ひつじや」（ジンギスカン・山形）――どれも一見、ネガティブな要素を見事に強みに変え、成功している店です。

## ・カテクオーレ――1回の食事に10時間、それでも行きたくなる価値がある

東京から佐賀県伊万里《いまり》市にあるカテクオーレに行くには、まず福岡空港もしくは佐賀空港に飛び、さらに車で1~2時間ほど。店に辿り着くだけでも一苦労ですが、そんなのはまだ序の口、本当に長いのは店に着いてからなのです。

というのも、カテクオーレでは基本的に事前に仕込みをしないから。その場で一から料理を始めるので、一品目が出てくるまでに小1時間、コースすべてを食べ終えるまでには5時間超え。東京からの往復も入れると、1回の食事に10時間ほどもかけることになります。

都市部からのアクセスが悪いうえに、食事に5時間もかかる。忙しい現代人のこと、そんな店に行くような暇がある人なんていないと思うかもしれません。

でも、カテクオーレは、正真正銘の超人気店なのです。なぜか。ひとえに、「なぜこんなに時間がかかるのか」ということに説得力があるからです。

たとえば私が訪ねたとき、席についてから40分後に出された一品目の「塩とミルク」は、目の前で一からミルクをゲンコウ（香酸柑橘の一種）と固め、五島列島の海水でつくった

花塩とともに供されました。

塩のビビッドなアタックがミルクの旨味を十分に引き出し、全体的に酸味は強いのに角がない。スプーン代わりの焼き立てブリオッシュは、驚くほどのふわふわ感。これがゼロからつくったからこそ実現できる一瞬のアウトプットなのかと、一品目から度肝を抜かれました。

次の一品、牛のタルタルは、まず牛のスライスを炭に直接当ててほんのり火入れを施し、そして炭のなかに牧草を入れて藁焼きのように香りをつける。さらに次のパンツァロッティ(揚げパン)には、肉やエビ、チーズなどの佐賀県の恵みを餃子の餡のように包み込む。生地は発酵なしで、やはり目の前で一からこねてつくります。

こうした丁寧で繊細な調理工程をずっと覗いていられるという贅沢さ。「つくるのは5時間、食べるのは一瞬」というコントラストがおもしろいし、シェフが信じる「一番美味しい瞬間」に向けて、これだけの工程を練り上げる姿に感動します。

もっと遡ると、シェフは自ら農業も酪農もしており、自分で育てた野菜、自分で育てた牛のミルクを使っています。このプロセスも含めれば、食べるという一瞬に向けて費やされている時間は、実は5時間よりもはるかに長大なのです。

東京には日本中からいい食材が集まってきますが、畑や牧場からダイレクトにキッチンへ、というのはさすがに難しい。カテクオーレはそれを叶えているわけですから、ローカルの強み、ここに極まれり、です。

おわかりのとおり、「5時間もかかるコース」というのは魅力の本質ではありません。「自分が料理で表現したいことを実現するには、本当にそれだけの時間が必要なのだ」という哲学が感じられる。

だから、一度の食事に費やすには長すぎる時間を確保し、はるばる伊万里に出かけてまで、唯一無二の体験をしたいと思う人がたくさんいるのでしょう。

料理にかけられる待ち時間そのものが愛おしい。こんなふうに感じられるのは、おそらく、ほかではできない体験です。

そうなると、もはや「都市部からのアクセスの悪さ」はまったくデメリットではない、というのはいうまでもありません。弱点を補ってはるかに余りある価値を提示し、「ここでしか味わえない」という説得力があれば、その体験を求める人が多く訪れるようになるのです。

## ・柚木元――テロワールを「守る」料理で美食家を唸らせる

長野県飯田市という場所も、都市部からのアクセスがよくありません。新幹線が通っているのは長野県北部の松本であり、最南部に位置する飯田には、東京からだと高速バスか自家用車で行くしかありません。

その立地にある柚木元は、もともと、結婚式などハレの日に使われる地元きっての日本料理店でした。それが今では、東京の有名日本料理店で修業をした2代目によって、「日本中から美食家が集まる日本料理店」という一面も加わっているのです。

飯田市は山の恵みが豊富で、春は山菜、夏は鮎や鰻、秋冬はきのこ類と、四季折々の地元食材が楽しめます。一般的にはあまり知られていないようですが、松茸の産地でもあります。

柚木元でも旬の食材をふんだんに用いた料理を出しています。王道を守りつつも、塩焼きが一般的な鮎を背越し（骨ごと味わう刺し身）で出すなど、フーディー心をくすぐる工夫も凝らされている。ただ、ここで一番お話ししたいのは、そこではありません。

食を通じて地元の食文化やテロワールを守る試みを続けているのが、柚木元の2代目のすごいところなのです。

印象的だったのは、ザリガニ料理が出されたことです。

ザリガニは外来生物で、地元の元来の生態系を脅かす存在です。あまり食材として求められることがないぶん安価であり、それでいて甲殻類由来の美味しい出汁がとれる。そこで柚木元はザリガニを大量に仕入れて出汁をとり、上品な一品に仕上げました。

テロワールというと、「テロワールを活かす料理」が思い浮かびますが、柚木元の取り組みを知って、「テロワールを守る料理」というのもありうるのだと感激しました。

しかも、「テロワールの敵」を取り込むことで土地が守られるうえに、原価が低ければ料理の単価も抑えられて、店もお客様もハッピー。つまり、いいことしかないのです。

故郷を出て東京へ向かう料理人も多いなか、柚木元の2代目は、東京での修業の成果を故郷に持ち帰り、今は、外から訪れるフーディーたちをも満足させる料理を出しています。

おそらく、地元の魅力を発信するには、それが一番の近道だと理解しているのでしょう。

地元の人たちにとっては、山菜も鮎も松茸も身近にあるものです。美味しいには違いありませんが、ことさらに外部に向けて「飯田市ってこんなに素晴らしいところなんだ」と発信することはあまりないでしょう。

でも、外からやって来る人にとってはすべてが驚きであり、自分が感動したことを勝手に広めてくれるのです。飯田市を訪れてその魅力を発見した人たちが地方創生の媒体として機能する。こんな意義のある活動にまでつながっています。

といっても、柚木元は、外から訪れるフーディーだけを対象にしているわけではありません。おそらくフーディーに向けた高級路線をひた走ったほうが、手っ取り早く利益が上がるのですが、従来の地元の客層も、変わらずちゃんと大事にしているのです。

これは難しいテーマであり、良し悪しでは語れません。ただ柚木元の場合は、美食を求めるフーディーたちと、ハレの日などに美味しいものを食べたい地元の人たち、両方を満足させているところが、深い故郷愛の表れのように思えます。

### ・出羽屋――自分から出向いて土地の恵みをいただくという贅沢

豊かな大自然に囲まれた街、山形県西川町。東北の名峰・月山《がっさん》の麓《ふもと》にあり、町の面積のほとんどを森林が占める。また、日本一の清流と称された寒河江《さがえ》川が流れ、積雪量においても日本トップクラスを誇ります。

これだけ豊かな自然の表情を持つ町にあって、昭和初期に行者宿《ぎょうじゃ》として歴史をスタートしたのが「出羽屋」です。

創業以来、豊かな山の恵みを食べられる宿として知られてきた出羽屋ですが、これをさらに進化させたのが4代目の佐藤治樹《はるき》さんです。昔風情が残る旅館の奥にモダンなレストランを構え、唯一無二の山菜料理で全国の美食家の舌を唸らせているのです。

地元の食文化を「守る」だけでなく、美食家の舌をも満足させるようアップグレードしているという点で、一見、デメリットに思える「地方」という要素を強みに変えている成功例といっていいでしょう。


それを特に如実に物語っていると感じたのが、コースの一品目。

アマドコロ、カタクリの花、シオデ、ぜんまい、蕨、あいこ、山うど、なんまい、青ミズ、若ごぼう、どほいな、ヤマニンジン――これら12種の山菜が整列しており、まるで図鑑のようなビジュアルです。今まで見たことも聞いたこともない山菜もあります。

誤解を恐れずにいえば、まったく同じものを東京で食べたとしたら物足りなく感じるかもしれません。「葉っぱばかり食べたな」と思う可能性もあるでしょう。

ところが、「すべて地元で採れたものです」と1つずつ詳細に説明されながら食べると、食材の魅力、それを生んだ山形という土地の魅力にどんどん引き込まれていくのです。ほかでは得難いおもしろい体験でした。

これを皮切りに、木生海苔《きぶのり》という苔《こけ》の一種で「仙人の霞」と呼ばれる幻の食材や、生態系を守るために1日1尾ほど、一定のサイズに達したものしか獲らないサクラマス、とれたてのじゅんさいなど、市場では流通していない食材も登場します。

これだけ山海の恵みが豊かならば、動物たちが集まってくるのも当然のこと。特に山形の熊には脂がのりやすいという個性があるらしく、実際に熊鍋でいただいた脂の甘さに驚かされました。

また、山形の食文化に触れられたのも贅沢な体験でした。それも伝統そのままの形からアップグレードされているのです。

たとえば、山形の伝統的な保存食「凍み餅《し》」は、おかきのような食感で、みたらし醤油で食べるおやつ的なもの。豪華に鰻を挟んでいますが、主役はあくまでも凍み餅です。「美味しい」が目的ではないはずの保存食を、これだけ美味しく仕上げてあることにまた感動です。

産地から運ばれてきたものを東京で食べるのではなく、自分が産地に足を運び、その土地で生まれたものをいただく。その土地で育まれてきた文化に触れる。これこそ本当の贅沢でしょう。

そう考えると、やはり「地方」であることは、まったくデメリットではないことがおわかりいただけると思います。むしろ地方という立地そのものが、テロワールというストーリーから生まれる付加価値につながり、ブランド化しやすいともいえるわけです。

## ・ひつじや──都会ではできない「牧場併設」を付加価値とする

広大な土地をレストランに近接させることができることも、「地方」を強みに変える方法のひとつでしょう。

たとえば「裏の畑で採れたばかりの野菜を料理する」といったことですが、それを「食肉」で叶えているのが、ひつじやです。裏の牧場で200頭もの羊を飼育しており、その日、捌いたばかりの羊肉のジンギスカンを出しているのです。

飲食業に携わる方の間では周知のことでしょうが、日本のジンギスカン店で使われている羊肉のほとんどは、ニュージーランド産など外国産の羊肉であり、国産羊の占める割合は1%にも満たないといわれます。

そんななか、ひつじやは、ただでさえ希少な国産羊のうち、さらに1～2%しか占めていないといわれるサフォーク種を育てています。

つまり、幻に近いジンギスカンが食べられる。ジンギスカンの本場といわれる北海道在住のフーディーに「一番美味しいジンギスカンはどこですか」と聞いたところ、北海道の店を尋ねたつもりだったのに「山形のひつじや」と返ってきたこともあります。

「羊肉の独特な臭み」が苦手という人は多いですが、それは食肉にして運ぶ過程で肉が劣化するからです。どれほど注意深く扱っても、捌いてからの時間の経過によって多少なりとも劣化するのは避けられません。なかでも羊肉は、特に鮮度がものをいうといわれます。

それだけでなく、ひつじやではエサまで自家生産にこだわり、地元の飼料米や大豆で育てているとのこと。もちろん冷凍などの必要も一切なく、その結果、臭みなどとは無縁のクリアな味わいと驚くほどの脂の旨みをつくり上げています。

レストランに近接する牧場で、与える飼料から気を配って「食材」となる動物を育て、捌いたらキッチンへ直行なんて、都市部ではまずできないでしょう。発想次第では、こういう地の利の活かし方もあるということです。

もし地方で飲食業を営んでいる方がいらしたら、「無理に東京の要素を入れる必要はありません」とお伝えしたい。

たとえば築地の有名仲卸から仕入れたマグロや東京ブランドの豚肉などは東京で食べればいいわけで、地方で出合ってもあまり感動がありません。

地方には地方にしかない魅力があるはずです。外からも人を引き寄せるような「ここでしか食べられないもの」「ここでしか得られない食体験」とは何か。

地元にいるがゆえに見えづらいのかもしれませんが、魅力を新たに発見するつもりで、わが町、わが村、わが地元を振り返ってみるといいのではないでしょうか。

# こんな「常識破り」なら、お客様の心と胃袋に響く

王道を外れるのは難しいものです。逆張り的に奇を衒ったただけでコンセプトもなければ思想や哲学もなく、おもしろさもない――そういうものは、すぐにお客様に見抜かれてしまうでしょう。

私は「亜流」と「個性」は別ものであると考えています。

王道を外れただけのアウトローは亜流に過ぎませんが、それも、お客様を納得させて余りあるほど突き抜けてしまえば「個性」になる。「おもしろい」「あんな店はほかにない」、つまり唯一無二の付加価値がブランドになるわけです。

ここで紹介する「鮨 すがひさ」（寿司・東京）、「鮨 一幸《いっこう》」（寿司・東京）、「虎白《こはく》」（日本料理・東京）、「薪鳥《まきとり》新神戸」（鶏料理・東京）、「パティシエール・マヨ（Patissiere MAYO）」（スイーツ・東京）は、いずれも、そんな突き抜け方をしています。

## ・鮨 すがひさ――ここまで突き抜ければファンができる「変タイ鮨」

回転寿司のように「何でもあり」がおもしろい業態は別として、王道を外れることがもっとも難しいのは寿司かもしれません。究極的にいえば「酢飯と生魚を握ったもの」というシンプルさゆえに、王道とは違う発想を持ち込みづらいのです。

少し変わったネタを使う、酢飯をアレンジする、しかし説得力がなくては上滑りしてしまいます。たとえば「酢」つながりで、ただ酢飯をバルサミコ酢でつくる「イタリアン寿司」みたいなことをやっても、発想がやや安易でなかなかお客様には響かないでしょう。

そんななかで異彩を放っているのが、すがひさです。その謳い文句は「変タイ鮨」。「変態」と東南アジアの国の「タイ」をかけています。

もともとは王道の江戸前寿司店だったのですが、常連のお客様からの無茶振り（?）もあって、週に3日、タイ料理の要素を取り入れた寿司とつまみを出すようになったのが始まり。もとの神奈川県から東京へと移転してからは、完全に「変タイ鮨の店」になっています。

大将の菅さんには寿司店以外にタイ料理店での修業経験もあり、「変タイ鮨」は料理人のバックグラウンドとしても筋が通っている。そして何より、「寿司×タイ料理」のコラボが見事にはまっているから、すでにファンがたくさんいるのです。

おそらく「寿司にタイ料理の要素？　どういうこと？？」と驚かれた方が多いと思うので、私が体験したすがひさの寿司をいくつか挙げておきましょう。

まず、コース最初のつまみからして、タイ全開です。

「鱧《はも》と梅肉」は一般的な組み合わせですが、そこに合わせたのはパクチー。ほかも、レモングラスを合わせた「ウリのピクルス」、トムヤム風に仕立てた「白子豆腐」、ラープ（タイ料理の1つ）を巻いた海苔巻き……と、ことごとくタイ料理の要素で彩られていました。

サラダは、野菜とアジを生春巻きの皮で包んだもの。それが付け台に置かれると、あたかも寿司のようです。生春巻きの原料は「米」ですから、実際、寿司からそこまで遠ざかってはいないのかもしれません。

では肝心の寿司はどうでしょう。クエには、ドクダミのような風味の「バクパイ」という香味野菜のペースト、金目鯛には、ココナッツミルク香るグリーンカレーのペースト、太刀魚にはナンプラーで漬け込んだ魚卵。タイ料理でも定番食材であるエビには、トムヤム風の味付けが施されており、寿司店の主役、マグロには八角や辛子パクチーが合わされる――。

すべてにおいて「寿司ネタや酢飯のタイ食材との相性」が考え抜かれていることが感じられ、「こんな寿司は食べたことがない！」、そして「美味い！」という驚き、「なるほど！」という納得の連続でした。

寿司の常識、王道から外れた変タイ鮨は、一見、突飛ですが、すがひさの売りは、それではありません。

一見、突飛なものを、食べる側にも納得させ、唸らせるほどの説得力がある。突き抜けた探究心と発想力で、異なる食文化の共通点を見出し、両者を見事にブリッジさせたうえでのアウトプットこそ、すがひさの売りであり、変タイ鮨の魅力なのです。

### ・鮨 一幸――「川魚はNG」という江戸前寿司の常識をテロワールで覆す

寿司の王道である江戸前寿司では、川魚をネタにすることはほとんどありません。それは、江戸前寿司がもともと江戸の目の前の海、つまり今でいう東京湾内奥で獲れる魚を中心に発展した文化だから。ゆえに、寿司店が「江戸前」を名乗るならば、そのネタも江戸前でなくてはならない、という価値観が根付いています。

しかし、それはあくまで江戸前寿司という枠組みの話であって、寿司そのものの本質ではありません。むしろ、東京以外で商売をする寿司店ならば、必ずしも江戸前の流儀にこだわる必要はないでしょう。

このことを強く実感したのが、北海道の一幸です。ここでは、鮎などの川魚を寿司ネタとして活かしているのですが、マス系の川魚に富む北海道のテロワールを考えれば、それはむしろ必然。単に江戸前の常識を逸脱するのではなく、その土地の特性を深く理解し、寿司としての説得力を持たせている。

「ルールを破ること」が価値なのではありません。「江戸前の常識」を更新し、北海道という地で生まれるべき寿司を生み出すこと。そのアプローチが浅薄な奇抜さではなく、むしろたしかな個性として昇華されているからこそ、一幸は「川魚の寿司」を説得力を持って提供しています。

前項のすがひさが「突き抜けている」ことで説得力を生んでいたとするならば、一幸は「王道を礎としながら、その先に新たな可能性を見出している」ことで魅力を生んでいる。

大切なのは、どれだけ既存の枠からはみ出すかではなく、「どんな考えに基づいて、どんな寿司を握るか」なのです。

一幸については、もう1つ、ぜひ触れておきたいことがあります。一幸は現在、初代の息子さんが2代目となって店を取り仕切っています。お父様も店に出て2人でカウンターに立ってはいるのですが、かつては初代しかマグロを握りませんでした。その理由を息子さんに尋ねると、「寿司店の主役であるマグロに触っていいのは、その店で一番えらい人だけだから」と答えたのです。

つまり、息子さんがマグロを握らないのは、親父さんへのリスペクトの現れだったのです。そういうところにも、お客としてはぐっときてしまいました。

一幸は、2024年に北海道から銀座に移転しました。これからもどんな料理が食べられるのか楽しみです。

## ・虎白——三つ星店から生まれた三つ星店の「計算し尽くされた遊び」

東京・神楽坂に「石かわ」という日本料理店があります。しっかりとした徒弟制度が確立されており、独立して人気店となっているお弟子さんの店もたくさんあります。その一番弟子に当たるのが虎白です。

実は石かわも虎白もミシュラン三つ星を獲得しています。三つ星レストランが三つ星レストランを生んだ。「トンビが鷹を生んだ」のではなく、「鷹が鷹を生んだ」というストーリーがすごいのですが、それも納得の内容なのです。

虎白の特徴は、日本料理店ながら洋の食材や調理法をうまく取り入れていること。そういう試みはもはや常態化しているようにも思えるかもしれませんが、そこは鷹から生まれた鷹、三つ星から生まれた三つ星である虎白のこと。どの料理にも圧倒的なレベル、誰も文句なしの説得力が感じられるのです。

たとえば、ある夜の訪問時、特に驚いたのは虎白の「鮎」でした。

日本料理で鮎といえば、塩焼きが定番中の定番です。では虎白の鮎はどんなものかというと、まず驚かされたのはビジュアル。まるで鮎が頭から水面に飛び込む、その瞬間を切り取った前衛芸術のよう。

そして先に述べたように、洋の食材が絶妙に取り入れられています。鮎が飛び込んだ先は、なんと黒トリュフのソース。牛乳やバターによるミルキーなニュアンスもありつつ、圧倒的な存在感を示すのはトリュフです。

といってもトリュフだけが際立っているのではなく、鮎の苦味と不思議と相性がいい。これは食材同士のマッチングの妙もさることながら、ソースのベースにしっかりカツオや昆布の出汁を使っていることと無関係ではないでしょう。

しかも直近の訪問時では、鮎を食べた後に餅米が出され、余ったトリュフソースに入れてリゾット、あるいはおじやのようにして食べられるようになっていました。

あくまで軸足は日本料理からブレていないので、洋の食材や調理法を取り入れても世界が崩壊することなく、すべてが見事に調和する一皿になっているわけです。

守るべきスピリットや、師匠に対するリスペクトのうえで成立している常識破り。創作性は高くても王道を無視するのではなく、王道から半歩だけはみ出て遊んでみるという、さじ加減。虎白は、その成功例といっていいでしょう。

## ・薪鳥新神戸——「焼き鳥は炭火」「薪火は熾火」、２つの常識を同時に覆す

近ごろ飲食業で流行している「薪」ですが、薪鳥新神戸の仕掛け人である末富信《すえとみまこと》さんは、話題になるずっと前に薪に目をつけ、「焼き鳥」ならぬ「薪鳥」、つまり薪で鶏肉を焼いて提供する店を始めました。

もともと薪を使う文化のあるイタリア料理やスペイン料理の店で薪を取り入れるというのなら、まったく珍しい話ではないでしょう。現に薪で焼く本格的なピザ窯を設置しているイタリア料理店は、すでにたくさんあります。

新神戸が画期的だったのは、もとは炭火が常道である串焼きの熱源を薪にしたことです。また、その先見性により、いわゆる「先行者メリット」を確立してしまったので、「新神戸を仕掛けた人が、今度はパティやバンズを薪で焼くハンバーガーの店を出したらしい」と聞けば、ファンはこぞって行くという集客も可能になっています（ちなみにすでに実在する薪焼きハンバーガーの店は「アタミ（atami）」といい、人気店になっています）。

それもそのはずというべきか、末富さんは、かの「肉匠堀越」（肉料理・東京）や「鈴田式」（日本料理・東京）を手掛けてきた人物。この稀代の飲食店プロデューサーが次に目

を付けたのが、薪だったというわけです。

しかし先見の明があるということは、つまり誰も先にやってこなかったわけですから、かなりの研究を要したであろうことは想像に難くありません。

たとえば、薪火はガス火や炭火のような火力の調整ができません。

ではどうやって火の入り具合をコントロールするかというと、食材と薪火の距離です。火入れを強くするには、食材を下のほうに置いて火に近づけ、火入れを弱くするには食材を上のほうに置いて火から遠ざける。

実はこれ、薪焼きの伝統があるスペインなどではおなじみの火入れ法であり、そのための装置もあります。薪火の上に上下可動式のステンレス網が設けられており、食材と火の距離が調整できるようになっているのです。

ただしスペインなどでは、薪といっても熾火《おきび》（燃え尽きておらず赤々としている薪）による火入れが一般的です。最近、増えている薪料理の店も同様です。

ところが、薪に目をつけた末富さんは、ボウボウと火が燃えている薪で鶏肉を焼くことを考えました。新神戸には、薪火の上に何段か台が設けられており、食材をどの段に置くかによって火からの距離を調整できるようになっています。

おそらく、くだんの上下可動式の薪焼き装置も参考にしつつ、直火でうまく火入れする方法を相当研究したはずです。

こうして実現した「薪鳥」は、直火だからこそ薪のニュアンスが熾火よりもずっと強く、ほかでは出合えない鶏料理になっているのです。

とにかくおもしろかったのは、炭から薪へと熱源が変わるだけで、焼き鳥店の定番メニューがすべて個性的なものになること。

薪の香りはもはやいうまでもなく、薪との相性を考慮して鶏を熟成させているところも魅力です。鶏の熟成香と薪の香りの素晴らしい化学反応。これは薪という新ジャンルでいろいろと試行錯誤するなかで辿り着いた境地なのでしょう。

私が特に驚いたのは「土鍋鶏そぼろごはん」でした。

穴のあいた鍋に鶏そぼろを入れ、それを大胆に薪の火のなかに突っ込んで炒《い》る。

さらには、土鍋に薪を入れて蒸すことで、薪の香りをごはんにうつす。

この両者が土鍋のなかで一緒になるわけですから、鼻腔も口のなかも薪、薪、薪です。

薪の強烈な香りと大胆なパフォーマンスが、ここでしか見られない唯一無二のプレゼンテーションにつながっていました。

炭でなく薪を使う、しかも熾火ではなく直火で焼く。今までの「焼き鳥」からすれば常識破りもいいところでしょう。しかし優れた先見性と飽くことなき研究により、有無をいわせない説得力を帯びています。

### ・パティシエール・マヨ——ケーキの常識を覆した「できたてしょーとけーき」の衝撃

私の外食の記録である「食べある記」では、マヨの回の見出しはこうなっています。

「できたてしょーとけーき、しょーげきてき。」

これはマヨのメニューにある「できたてしょーとけーき」に倣《なら》ってつけたもの。そのとおり、マヨはショーケースに並んでいるケーキではなく、目の前でつくるできたてのケーキやパフェを出す店なのです。

従来はまとめてつくってショーケースに並べていたものを、できたてで提供する。なぜなら、できたての格別さを味わってもらいたいから——という点では、洋の東西は違えども、私たちの店「九九九」とも相通ずるものがあります。

実際、できたてのショートケーキは衝撃的でした。

その場で生クリームを立てて、フルーツをカットし、スポンジと組み合わせて、ケーキ台をあやつり、生クリームで包んでいきます。完成したのは真っ白な円柱型の芸術作品。ショートケーキに欠かせないイチゴは別添えです。

ふわふわの質感、フレッシュな香りや味わいは、たしかにつくり置きとはまったく違う。できたてだからこその質感、温度、香り。これがきっと、スイーツを最高の状態で食べてもらう提供方法のひとつなのだろうと思いました。

スイーツ専門店なのに営業時間は18~0時というのも、マヨのおもしろいところです。六本木という立地も大きいのでしょうが、酒を飲んだ後の2軒目、3軒目ニーズも高いようです。北海道の「しめパフェ」ならぬ、「しめスイーツ文化」を東京にもたらしたという意味でも、画期的な店といっていいでしょう。

## 「先行者メリット」を得るにもストーリーが大事

「新しさ」は人気店を形成する一要素ではありますが、逆に市場にないニーズを掘り起こさないといけないというのが難しいところです。

新しいジャンル、新しい業態、新しいプレゼンテーションなどの先駆けとなって、人気を得る。いわゆる「先行者メリット」で勝つにも、隙のないコンセプト設計や作り手の思想・哲学に裏打ちされたストーリーがありつつ、多くの人の理解を得る必要があります。そうでなくては、ただ表層的に奇を衒っているだけで、付加価値を帯びることもなければ、ブランドになることもないでしょう。

裏を返せば、コンセプトや思想・哲学の面でしっかりと筋が通っているものは、多少、ほかに先駆者がいても際立ち、頭抜けることができると思います。

そこでぜひ紹介したいのが「Yama」（スイーツ・東京）です。まさに、一番の先駆けではないものの、コンセプト設計が際立って優れており、第一人者的なポジションを確立している。その点で参考になるところが多い店です。

## ・Yama――「デセールだけのフルコース」でポジションを築く

Yamaの先行者メリットは、「パティシエがつくるフルコース」を出すことにあります。レストランのスイーツといえば食事の最後を飾るのが一般的ですが、最初から最後までデセール（デザート）のみで設計されている。店の謳い文句にもあるとおり、Yamaは常識破りな「お菓子なレストラン」なのです。

Yamaより先に同じようなことをやっていた飲食店が1つもない、というわけではないでしょう。でも、すでに述べたとおり、コンセプト設計が優れているために「パティシエがつくるフルコースといえば、Yama」というポジションを築いているのです。

最初に店を構えた恵比寿でも完成度の高いコースを提供していましたが、現在の白金に移ってからは、空間を含めた世界観がアップグレードしています。ミシュランの部門にデセールはありませんでしたが、ミシュランガイド東京2025の発表で見事一つ星を獲得し、そういう意味でも先駆者となりました。

Yamaのフルコースは、単なる甘味の連続ではありません。温度、食感、味覚を駆使しながら、積極的にフランス料理の手法も取り入れつつ、決して飽きさせないコース設計を実現しています。その構成力の高さが、この店の大きな魅力です。

私が訪れた際のコースから、いくつかご紹介します。

「苺とカプレーゼ」は、色味こそカプレーゼそのものですが、白がグラニテのトマト、赤は苺を使用しており、まるで甘いフルーツトマトを食べているような味わいです。脳が混乱するほど巧妙なバランスが計算され尽くした一品となっています。

「せとかと喜界島柑橘の冬巻き」は、春巻き生地のなかに、高級柑橘の「せとか」がぎっしりと詰め込まれたデセールです。特筆すべきは、なかの柑橘に一切火を入れず、ピュアな風味をそのまま閉じ込めている点です。温冷のコントラストを見事に活かしながら、柑橘本来の瑞々しさを最大限に引き出しています。

そして、Yamaを語るうえで欠かせないのが、スペシャリテの「絹」です。

一般的に栗はパサついた食感になりがちですが、Yamaの栗は驚くほどシルクのようになめらかな質感に仕上げられています。口に含むと、まるで空気と一体化するように溶けていき、驚くほどピュアな甘味が楽しめます。

Yamaのフルコースは、単にデセールを楽しむものではなく、味覚と感覚を研ぎ澄ませながら、一皿ごとに新たな発見があるコースとなっています。甘味の世界を超えた、唯一無二の体験が待っているのです。

新しいことで勝負するには、そのコンセプトを最速で認知してもらうために、どれだけ「未来のお客様」とのコミュニケーションを効率化するか、ということが重要になってきます。

お客様にとって未知のものであるからこそ、特に「口の端に乗りやすいプレゼン」を考える必要がある。新しいものほど「ひと言で説明できるようにすべし」と考えておくといいでしょう。キャッチコピーのようなものです。

Yamaの場合は「パティシエがつくるフルコース」がそれに当たりますし、そのYamaの常連様には、私たちの店「九九九」は、「Yamaの和菓子バージョン」といえば一瞬でコンセプトが伝わります。他力本願ですいません（笑）。

実際、九九九に着手したころ、Yamaの店主・勝俣孝一さんには真っ先に報告しに行きました。Yamaという「スイーツで構成するフルコース」の第一人者が存在するおかげで、九九九は、未来のお客様とのコミュニケーションが格段に早くなったというわけです。ありがとうございます。

# 「世界一の寿司店」はコミュニケーションもすごかった

この章の最後にご紹介したいのは、「日本橋蛎殻町《かきがらちょう》 すぎた」（寿司・東京）です。

長年、食べログの総合ランキングで上位の座に君臨し続け、9年連続（2017年〜2025年）でThe Tabelog Award Gold受賞の、フーディーの間で知らぬ者はいない超名店・超予約困難店です。このすぎたについては、まず、こんなエピソードから紹介させてください。

あるラジオ番組に呼んでいただいたときのこと。パーソナリティの方に「見冨さんが思う日本一の店は？」と尋ねられて、私はちょっと困っていました。私は自分のなかでランクを付けたり、公に発表したりすることを好んでいません。今までにも数え切れないくらい「あなたが思う日本一の店は？」と尋ねられたときに、一度も答えたことがなかったからです。

しかしこのときは、何かしら答えなくてはいけない空気になっていました。

そこで私は少し質問の主旨をひねって、「日本一は決められないですけど、今、食べたいのは、すぎたの寿司ですね」と答えました。

それからどれくらい経ったころでしょうか、すぎたに伺ったときのことです。席につこうとする私を認めるなり、大将は、こういいました。

「見冨さん、先日はありがとうございました」

なんのことかわからなかったのですが、聞くと、私がラジオで「今、食べたいのは『すぎた』の寿司」と答えたのを、大将は移動の車中で聞いていたというのです。

それもラジオなんて年に1回、聞くかどうかというくらいなのに、そのときはたまたま聞いていた、と。

もちろん、あれは100%本心から出た言葉でしたが、偶然にもご本人が聞いていて、こうしてお礼を伝えてくれるなんて……。あのとき、とっさに意趣返しして「すぎたの寿司」と答えてよかったと思いました。

すぎたの大将、杉田孝明《すぎたたかあき》さんは、蛎殻町の寿司店「都寿司」で修業を積みました。明治20年創業という歴史の長い寿司店でしたが、都寿司は、いわゆる「町のお寿司屋さん」です。そこでキャリアをスタートしたというのは、寿司の名店のなかでは珍しいといってもいいでしょう。

ほどなくして独立した杉田さんは、修業店と同じ店名の「都寿司」を構えます。さらに蛎殻町すぎたを開き、現在に至ります。

すぎたは、私にとって「ここの常連になりたい」と焦がれ、実際に通わせていただき、そして今では、飲食業を営む一人としてベンチマーク——なんていったらおこがましいと思ってしまうくらい、心から尊敬している店です。

「自分的・日本一の店」を決めることはありませんが、「人生最後の食事は、すぎたの寿司がいい」と思っているほどです。

すぎたは、食べログ87万店の人気頂点に立つ「日本一の店」にして「日本一の寿司店」。そして「日本一の店」であり「日本一の寿司店」ということは、それは間違いなく「世界一の寿司店」ということ。

しかし、そのすごさは寿司だけにあるのではないのです。ここで世界一の寿司店の寿司をあれこれいっても仕方がない（世界一うまいに決まっている）ので、寿司以外のところに宿っているすごさに注目してお話ししていきましょう。

すぎたが開店したと知ったとき、私は、即座に「すぎたの常連になれるような人でありたい」と思いました。そこで私が1つの〝戦略〟として選んだのは、いつも一人で予約を取ることでした。

なぜなら、すぎたのカウンターは9席だからです。寿司店には、たいてい2人など偶数人数で行くものなので、1席余る日は少なくないはずでした。となると、「あと1席」が埋まってほしいと思うだろうから、そこを埋める役割を担おう。そんな意識でした。

ただ、最初に伺ったときは、気まずい思いをすることを覚悟していました。大将と親しげな常連さんが並み居るなか、ぽつんと一人。しかも、寿司店の一人客はカウンターの端っこに案内されるのが相場でした。

板場と客席とで向かい合い、周囲が和気あいあいとしているなかで、押し黙ってスマホをいじる、というような光景が寿司店で生まれやすいのも、一人であるがゆえに空間で孤立してしまうことに大きな原因があるといっていいでしょう。

ところが、すぎたは違いました。

すぎたでは、一人客は9席あるカウンターの真んなかに座らされます。そして大将が寿司を置いた直後などのタイミングに、にこやかに話しかけてくれます。だから一人客でもまったく孤立せず、その空間を楽しむことができるのです。

それだけではありません。しばらく通ってみてわかったのは、大将は、自分とお客さんの会話だけでなく、お客さん同士の会話も大事にしているんだな、ということでした。

もちろん、お客さんごとの性格や職業には十分配慮しているはずですが、たとえば仕事を引き合いに出し、「○○さんと△△さんは同じ業界ですね」なんて水を向け、お客さん同士の会話が生まれるようお膳立てしてくれるのです。

だから、一人で行っても孤立しない。しかも大将と話すだけでなく、いつの間にか隣や向こうの席の人と盛り上がっていた、ということがしょっちゅう起こります。すぎたは、極上の寿司を味わうだけでなく、豊かなコミュニケーションが生まれる寿司店なのです。

そんなすぎたを物語っているなと私が感じているのは、カウンターの形です。

通常、カウンターは横一直線に席が並んでいますが、すぎたのカウンターは、両端2人分くらいの部分がほんの少し内側に入っているのです。

いくら9席とはいえ、横一直線に座っていたら、中央の席と端の席では話しづらいでしょう。端の席と端の席も、身を乗り出さないと互いに話しづらいはずです。

しかしわずかに両端が内側に入っているだけで、真んなかの席と端席も、端席と端席も、適度に互いの顔を見ながら話すことができるのです。かっちりしたL字型でなく、両端にわずかに角度をつけただけ、というところにコミュニケーションのセンスを感じます。

また、カウンターの両端がわずかに内側に入っていることで、大将からすると、全員の状態に目配りできるというメリットもあるでしょう。もしかしたら、これが第一の目的だったかもしれません。


これらのことについて、大将がどこまで狙っているのか、あるいは単なる偶然に近いのかはわかりません。もしかしたらカウンターの形は、スペースの都合上、そうせざるを得なかったというだけの可能性もあります。

でも、大将の采配だけでなく、環境もまたコミュニケーションの生まれやすさに寄与していることを考えると、すべてに大将の意図があるのではないかと感じるのです。

## ・すぎたがどんなお客も出禁にしない理由

前に、杉田さんと「出禁論」とも呼ぶべき議論をしたことがあります。

近年では「お客様は神様ではない」という考え方が広まり、マナーの悪いお客さんを「立ち入り禁止」（出禁）にする飲食店も増えています。

ホスピタリティは大事だけれども、だからといってお客様が一番えらいわけではない。店のほうにも来てほしいお客様、来てほしくないお客様を区別する権利がある。私も基本的には同意します。

寿司店においても、騒がしい、寿司下駄に置かれた寿司を放置するなど、好ましくない行為を働く人を出禁にする店があります。しかし杉田さんは、今までに一度もお客様を出禁にしたことがないそうです。

今までマナーが悪いお客様がいなかったのではなく、いても出禁にしてこなかった。マナーの悪いお客様が来ると、杉田さんはゲームのような感覚がオンになるのだそうです。たとえば、騒がしかったら「こんなにうまい寿司、ちゃんと向き合って食べて、しっかり味わいたい」と思わせたい、寿司下駄に放置されたら「こんなにうまい寿司、握ったそばから食べないとダメだ」と思わせたい、そんな感覚になるというのです。

これは寿司の力だけでも、コミュニケーションの力だけでも難しいでしょう。杉田さんは、おそらく寿司にはもちろんのこと、コミュニケーションにも自信がある（大事にしている）から、こんなに大きな人間でいられる。どんな人が来ようと自分の世界に引き込めると思っているし、そのチャレンジをしたくなるということに違いありません。

職人としてのたしかな腕だけではなく、コミュニケーション能力、自らのホスピタリティに見合う環境設計、チャレンジ精神、人への優しさ……。すべての掛け合わせの結果として生まれる「おいしくて、居心地がよくて、楽しい空間」こそ、すぎたの付加価値といっていいでしょう。いったい、天は杉田さんに「二物」どころか何物を与えたのだろうかと思ってしまいます。

最後にもう1つ。杉田さんは寿司を握るとき、目をつぶります。かっこいい言い方をすれば、「こうして寿司の声を聞いているんだな」などと思いますが、常連客の反応というと「杉田さん、また寝てる（笑）」なのです。

日本一、いや「世界一の寿司店」の大将が、常連客からこんなふうにいじられている。そんなお茶目さまで持ち合わせていることが、すぎたをさらに唯一無二の愛すべき店にしていると思います。

そして元を辿れば、お任せではなくお好みを出す街の寿司店で、常に隅々まで目を配り、お客様とコミュニケーションを図りながら寿司を握っていた経験こそ、今のすぎたのすべての出発点だったに違いありません。

ここまで書いてしまうと、杉田さんのことを大好きなことがバレバレですね（笑）。でも、そのくらいリスペクトしているお店なのです。

# 第4章

# 「売れている店」には「売れる仕組み」があった！

結論！

# 「腕一本で勝負」ではなく、飲食にも「戦略」が必要な時代

飲食店は料理人の腕一本、料理の味で勝負する。しかし料理の味「だけ」で勝負すべきかといったら、必ずしもそうではないと思います。たしかな腕があるうえで、戦略として「売れるための仕組みづくり」を考えるのもひとつの道でしょう。

飲食業を営む身として、私は、飲食業従事者が無理をしなくてはいけない構造そのものを打破したいと考えています。

その1つが、前にも少し触れた「席数×単価＝売上」のジレンマです。

早い話、たとえば10席の店で1杯1000円のラーメンを売っている場合、売上を増やすには席数を増やす（回転数を上げる）か、単価を上げる（料理を値上げする）かの二択しかありません。

そして多くの飲食店が「単価を上げるとお客様が来なくなる」という恐れから、結局は

回転数を上げる傾向が強いのではないでしょうか。

ＳＮＳで誰もが発信できる時代、「あの店は値上げして儲け主義に走った」などと非難されたくない、というのもあるでしょう。結局、人件費を上げずに回転数を上げるために長時間労働・過重労働に陥ってしまいがちです。

では恐れず単価を上げればいいかというと、そう単純な話でもありません。

単価を上げるために、やたらと高級食材を使う。お客様が「腹12分目」になるくらいにまで料理の量を増やす。実際に私が目にしてきたケースですが、これでは単価は上がってもお客様は来てくれないでしょう。

いくら高級食材を使っても、しっかりとしたコンセプト、ストーリー、付加価値による「必然性」「説得力」がなければ満足感は生まれづらく、リピートにはつながりません。これらの重要性については、先の章で十分にお話しできたかと思います。

また、「腹12分目」はもっと単純な話で、「美味しいんだけど食べきれないくらい出るから、もう行きたくない」と思われても仕方ないでしょう。

こうしたジレンマを解消するには、「席数×単価＝売上」という旧来の発想を脱する必要があります。

それこそ今までお話ししてきたようなコンセプト設計やストーリー、付加価値によるブランド化なのですが、ここでもう1つ、おすすめしたいのが、飲食業の枠組みから飛び出して考えてみること。


別業種で成功例のあるビジネスモデルがヒントになる場合も多いのです。

たとえば、このところ私が注視してきたのは、サブスクリプションやクラウドファンディングを取り入れている飲食店です。

これらは、動画配信サービスやベンチャーのモノづくりなど、別業種で取り入れられてきた手法ですが、継続的に定額を支払ってくれるファンや、資金を投じてくれるサポーターをつくる仕組みで収入を安定させるというのは、飲食業にも応用可能です。


もう1つ例を挙げると、ダイナミックプライシングなんかもいいかもしれません。

これは需要と供給の関係で単価が決まるという手法で、旅行業では当たり前です。盆暮れは旅行者や帰省者の増加で需要が高くなるから、飛行機代や宿代が高くなる。それと同様、人気の飲食店は需要が高いので、相応に単価が上がる仕組みにする。

最近では一部のタクシー配車アプリでも、追加料金を払うと優先的に車を回してもらえるようになっています。荷物が多いときや急いでいるときなど、通常料金より高いお金を払ってでも早くタクシーに乗りたいことはありますから、理に適っている仕組みといっていいでしょう。

そして、このように旅行業やタクシー業で許されていることが、飲食業で許されない理由はないはずなのです。

ダイナミックプライシングのいいところは、市場原理で単価が決まるため、値段が上がっても、おそらく飲食店が叩かれにくい文化が育まれることです。値上げに対する飲食店の不安や恐れが少しでも取り除かれるのなら、試してみる価値はあるのではないでしょうか。

サブスクリプション、クラウドファンディング、ダイナミックプライシング。

これらはほんの一例です。飲食業の外側にも目を向けてみれば、「席数×単価＝売上」以外にも、売上を増やす方法があることに気づけるはずです。

あとは仕組みの応用法次第で、今までとは違ったマネタイズができるようになっていく。長く愛される店、なおかつ今までよりも多くの利益を生む店をつくることは、飲食店・飲食業界全体の価値を上げることにつながります。

実際、お客様が引きも切らぬ人気店のなかには、(味がいいのは大前提として)仕組み的にも成功していると見える店もたくさんあるのです。本章では、「売れている店」には、どんな「売れる仕組み」があるのかを考えていきましょう。

# お客様・弟子・師匠、みんなが得する弟子養成機関という仕組み

有名店で修業した人が独立して自分の店を持つ。これは寿司店などの徒弟制度の常道ですが、近年はまた違った形も見られるようになってきました。

ひと言でいうと、ある程度、修業が進んだところで修業店内に弟子の営業スペースをあてがい、お客様に料理を出すことができるというやり方。いってみれば「店内独立」——独立準備のための弟子養成機関です。

ここからは店によりますが、弟子の営業スペースの価格は、師匠のそれよりも低めに設定してあるところが多い。といっても、そこで営業できるのは師匠が認めた弟子だけですから、師匠のお墨付きがあるようなものです。

弟子は身ひとつで店を始める前に常連さんに料理を出す機会をもらい、修業の仕上げと独立に向けた顔見世ができる。

お客様にとっては予約が取りやすくなり、なおかつ、その店の通常価格よりも少し安めで、師匠が認めた腕前の美味しい料理が食べられる。

そして師匠は、自分ひとりで切り盛りできる以上の客数が見込める。単価は自分より低めでも、店内にもう一人、自分が育て上げた稼ぎ手を持つことで、無理なく利益アップを見込めるのはメリットです。

このように、みなが得するのが、弟子養成機関という仕組みなのです。

弟子の営業スペースは、もちろん一代限りではありません。そこを任されていた弟子が卒業したら次の弟子が任され、その弟子が卒業したら、また次の弟子が任される。この「修業→店内独立→独立」というサイクルが順繰りに回り、「名店が名店を生む仕組み」が出来上がっているのです。

こうして、その店の遺伝子を確実に引き継ぐ店が増えていくのは、常連客にとってもうれしいこと。「独立する前から応援していた」というのは、メジャーのビッグアーティストを、「私はインディーズのころから応援していた」というファン心理に通じるところもあるかもしれません。

それはともかくとしても、独立準備のための弟子養成機関は、お客様・弟子・師匠、みんなが得する仕組みといっていいでしょう。

## ・鮨あらい／鮨さいとう／鳥匠いし井――「名店が名店を生む仕組み」とは

第2章で紹介した「鮨 めい乃」の幸後綿衣さんも、もとは寿司の名店「鮨あらい」で個室を任されていました。

幸後さんのファンが増えるにつれて個室の予約が増えていき、あらいのお客様に対しては「デビュー」が済んだ状態で独立。おかげで、めい乃は最初から、集客に大きな苦労をしなかったはずです。「あらいで個室を任されていた綿衣さんが、ついに自分の店を持った」ということで訪れる人も多かったに違いありません。

ほかにも鮨さいとう（寿司・東京）や鳥匠いし井（焼き鳥・大阪）など、類似する弟子養成機関を設けている飲食店は増えている印象です。

さいとうの場合は、本店と同じ敷地内に別個に弟子の店があり、いし井の場合は師匠の店の2階に「いし井Ｊｒ．」という別店舗があるのですが、仕組み、メリットとしては、先ほど述べたものと変わりません。
「鳥匠いし井」の大将・石井吉智さんとは、東京分店「鳥匠いし井ひな」を経営させていただいているご縁もあるので、その魅力についてもう少し詳しくお話ししたいと思います。

鳥匠いし井は、その卓越した焼きの技術によって、日本屈指の焼き鳥店へと登り詰めた名店です。大将である石井さんのこだわりは、単に焼きの技術にとどまらず、鶏そのものにまで及びます。九州の天草大王や高坂鶏といった銘柄鶏を扱いながら、現在は鹿児島の鶏舎と向き合い、「きさ輝地鶏」の開発にも注力。肉質、脂の質、弾力、旨味——あらゆる要素を研究し、理想の焼き鳥を追求し続けています。その成果は、1本1本の串に刻まれており、一口ごとに試行錯誤の軌跡を感じられる仕上がりです。

そんな石井さんの哲学と技術を継承する場として誕生したのが「いし井Jr.」。本店と同じ鶏を使用し、いし井の技を学んだ弟子たちが腕を振るう、まさに研鑽《けんさん》の場です。本店と比べると、よりカジュアルな価格帯で楽しめるのも魅力の1つ。大将の想いを受け継ぐ弟子たちが焼き上げる焼き鳥を、気軽に味わうことができます。まさに「大将・弟子・お客様」の三方よしの仕組みがここに確立されているのです。

さて、この項は、どちらかというと飲食店のオーナーではなく、これから飲食を目指す人たちに向けたものです。せっかく飲食業に携わるのなら、確実に腕が磨かれ、しかも独立に向けて大きな武器を持たせてくれるところに行ってほしい。

なかでもフーディーと呼ばれる人たちは「名店の弟子筋」といった情報を重視する傾向もあるため、名店で修業を積むと、いざ自分の店を構える段で「未来のお客様」とのコミュニケーションが早くなります。

それが今述べてきたような弟子養成機関のある店ならば、なおのこと、修業を積み、「店内独立」を経ることで、大きな武器を与えてもらえるでしょう。その武器とは、自分の料理人としての系譜という「情報」、そして実際に修業店で営業の一部を任されていたという「実績」です。

第1章でもお話ししたとおり、私は本書を通じ、飲食業への恩返しとして「幸せな飲食業従事者」を増やすことに寄与したい。その観点からしても、本項は、どうしても書いておきたかったのです。

## 「クラファン」「サブスク」は飲食でもできる

本章の冒頭で、これからの飲食店の成功を考えるには、飲食業の外側にもヒントを求める必要があること、たとえばサブスクリプションやクラウドファンディングなど、他業界で成功している仕組みを飲食業に応用することを提案しました。ここでは、そういった仕組みを取り入れている「ニギリ（NIGIRI）」（寿司・東京）、「4LDK」（会員制レストラン・東京）、「SNACK えんどう」（スナック・大阪）などを紹介します。

### ・ニギリ――会員制を導入した寿司屋

まずは、南麻布にある会員制寿司店、「ニギリ」。この寿司店は100名限定の会員制なのですが、画期的なのは「専属の職人がいない」ことです。

どういうことかというと、ほかの寿司店の職人が日替わりで握りに来る。会員は月に数万円の会費を払うことで、同じ空間ながら、いろいろなお店の寿司を楽しめるのです。

しかも寿司の名店で腕を磨く職人、爪を研ぎ続けるフリーの職人、地方から東京での活躍を夢見る職人など、非常にバラエティ豊かなところも魅力です。

ニギリの会費は「スポーツジムの会費」のようなものと思うと、想像しやすいかもしれません。「せっかく月々会費を払っているから通おう」という心理が、ジムに行くモチベーションになることは間違いないでしょう。

ニギリも似ていて、会員の人たちのなかに「会費を払っているから、予約しよう」という心理を醸成しているのです。ただしスポーツジムと違うのは、会費のほかに、ニギリで食事をするたびに支払いが発生する点です。

寿司（酒肴《しゅこう》なども含めて）の代金は全額、寿司職人に入ります。では、お店そのものはどうやって利益を出しているのか。おそらくアルコール飲料というのは想像がついたでしょうが、そこをニギリは徹底しています。

ワインも日本酒も素晴らしいラインナップであり、高価であっても、それをしっかり売っていくことができる知識・スキルともに高いサービススタッフがいるのです。ここまで含めて、ニギリの仕組みは秀逸といえるでしょう。

ニギリで握る職人のうち、他店で修業中の職人は師匠が「貸して」くれるわけですが、師匠としても、弟子が外でも経験を積むことで、いっそう腕が磨かれるというメリットがあります。それに、普段は稼ぎ手ではない弟子が他店のカウンターで売上を立てれば、いわば「外貨」が稼げるという利点もあるでしょう。

また、お客様から見れば、東京にいながらにして地方の職人が握る寿司を食べられたり、師匠の遺伝子を受け継ぎつつある弟子を通じて名店の味を体験できたりと、楽しみ方はいろいろです。気に入った職人のもとに通う人がいる一方、いろんな職人の寿司を味わってみたいという人も多いはずです。

「限定100人」というのもまた、フーディーの心をくすぐるポイントでしょう。会員になりたくて仕方ない人たちが行列している状態なので、誤解を恐れずにいえば、すでに会員の人は優越感を抱くことができ、ある種、自己顕示欲も満たされます。

このように、ニギリの仕組みは、職人サイドから見てもお客様サイドから見ても、もちろん経営サイドから見ても利点が多いのです。

## ・4LDK――100名限定の会員制サービス

また、私たちが2025年春のオープンに向けて準備している「4LDK」は、100名限定、定額制で4つの部屋を共有する「レストラン個室のシェアサービス」です。

飲食店の個室は、「きれいな格好をして行かなくてはいけない」「コース料理を注文しなくてはいけない」など、少々ハードルが高いと感じる人も多いはずです。

そこで考えたのが、「自宅」をコンセプトとした個室のシェアレストランです。「自宅」なのでハーフパンツとサンダルで来てもOK。そのときの腹具合に応じて、アラカルトで好きなものだけ食べてもOKです。

料理は4LDKのシェフが腕を振るうほか、おもしろい試みとして、名店の料理や名生産者の食材も食べられるようにするという構想も、実現する方向に進んでいます。

ここでもコンセプトは一貫しています。

食卓には家庭の味が並ぶ以外に、ときには他所《よそ》で買ってきたお惣菜や、お取り寄せの品が加わることもあるでしょう。

4LDKを「自宅」とすると、専属シェフの料理は家庭の味、名店の料理は他所で買ってきたお惣菜やお取り寄せに当たる。この構成で、「自宅での食事」がコンセプトでありながら、高いレベルでそれを体現しようと模索しているのです。

この疑似「お取り寄せ」の形態は、提携先によって少しずつ異なります。たとえば、提携先がすでに製品化して販売している既成品を入れていただく。これが、いわゆる「お取り寄せ」に一番近い形ですが、ほかにも4LDKのシェフを提携先のお店へ研修に行かせて、4LDKでも出したい料理のレシピを教えていただくということも考えています。

また、提携する飲食店・生産者のほうへ視線を向けると、お客様をつなぎたいという思いもあり、そのあたりも構想中です。

これは私オリジナルの構想ではなく、あるお店がアイデアのネタ元になっています。そのネタ元になった「SNACK えんどう」という店を紹介します。

### ・SNACK えんどう――周囲のお店のハブになる

大阪・北新地にある「SNACK えんどう」は、店名のとおりスナックなのですが、店主の遠藤さんは、もともと非常にクオリティの高い食材店をされていた関係で、大阪を中心に数々の名店と濃い関係性を築いてきました。

この遠藤さん、実は4LDKで私がやりたいと思っていることを、一人で実現してきた方なのです。

まず1つは、信頼してもらえた常連客に限りますが、遠藤さんのお付き合いのある名店につないでくれること。しかも真正面から行ったら通らないような要望が、遠藤さんを介すと通ってしまうことも少なくありません。

私もSNACK えんどうに行くと、決まって「見冨さん、大阪でまだ行かれていないお店、ありますか?」と聞かれます。そこで「実は○○に行ってみたいんだけど、あそこは予約が2名からなんだよね」と答えると、「じゃあ、1名でも大丈夫なように連絡しておきます」――なんてうれしい展開になったこと数知れません。

そんなわけでSNACK えんどうは、フーディーや仕事上がりの料理人がワイワイ集う店になっています。しかし本当にすごいのは、そこではないのです。

現在はオペレーションの都合で止めてしまっているのですが、かつてSNACK えんどうでは、大阪中の名店の「締め料理」を楽しめました。中華の名店のラーメン、焼き鳥の名店のそぼろ丼……という具合です。実はこの点も、4LDKの「名店お取り寄せ」で参考にさせてもらった部分なのです。

遠藤さんはとても真面目な方で、食材に対する造詣の深さも並大抵ではありません。だから、どんなフーディーや料理人でも、かなり深い料理の話ができて楽しいし、行きたい店にはつないでもらえるし、各名店の締め料理は食べられる。ということでフーディーからすると夢のようなお店なのです。現在は締め料理が食べられないのは残念ですが、それでも通う理由は十分すぎるくらいある。


4LDKについて、当初から私の狙いとしてあったのは、「飲料代（特に酒類）で利益を出す」という飲食業の常識を覆すことでした。定額制で十分売上は立つので、4LDKでは高級ワインを原価に近い価格で販売するなど、今までにない試みをしていく予定です。

もちろん、お客様からは毎月会費をいただくわけですが、利用頻度やワインの飲酒量によっては、レストランで食事をしてワインを飲むより、かなりお得になるでしょう。

そんな「誰にとってもうれしい飲食店」をつくりたいというのが、4LDKの出発点でした。

しかしそれだけではなく、4LDKという空間そのもの、料理そのものをずっと楽しんでいただけるように、アイデアは広がるばかりです。

個人的には、これは今まで数え切れないくらいのお店に通ってきて、そしてこのたび4LDKという「箱」を持つことになった自分にできる1つの還元――素晴らしい飲食店や生産者、グルメを愛する人々に対する恩返しの一環でもあります。

もう1つ、私の会社の例を挙げさせてください。

私たちが手掛ける「ウブ」「鶏焼き肉 囲《かこい》」「九九九」は、もとは1つの飲食店だったスペースを3つに分け、違う業態の飲食店へとつくり変えたものなので、同じビル内の同じフロアにあります。

このようにすべての店舗が近接していることから、考えついたのが「六本木個室」です。

六本木個室は、3店舗が入っているフロアにつくった個室の利用権を、年間契約していただくというもの。利用権があるお客様は、「囲の鶏焼き肉」も「ウブの洋食」も「九九九のお茶と和菓子」も一晩のうちに楽しむことができます。最初に鶏焼き肉をつまみ、洋食で腹を満たし、最後にお茶で一息つく、ということができるわけです。

私たちとしては、年間契約で一定額を先にお支払いただけるというメリットがありますし、お客様にとっては、「個室でゆっくり、しかも、囲もウブも九九九も一挙に楽しめる」というメリットがある。おかげさまで募集開始後、すぐに規定人数に達しました。

他方、馬肉料理専門店の「ローストホース」は、飲食業にクラウドファンディングを持ち込んだ先駆けです。

コロナ禍では、休業や時短営業を余儀なくされた飲食店がクラウンドファンディングで支援を募る例が多く見られました。その何年も前に、ローストホースはクラウドファンディングで開店資金を調達しています。

ローストホースが上手だったのは、店を会員制とし、資金調達と会員の獲得を同時に行ったことでしょう。つまり、クラウドファンディングの「投資者」＝「会員」という仕組みにしたことで、開店直後の集客につなげることができました。

支援した側としても、何かしらのリターンを受け取っておしまいではなく、ローストホースを予約できる権利が継続するというのはメリット感があるはずです。

つまりは、それくらい会員の心を捉えて離さない魅力が、ローストホースにはあるのです。絶品の馬刺しをはじめ、部位別のロースト、名物「たてがみの軍艦巻き」など、馬肉の可能性を、これほど感じさせてくれる店はないでしょう。

さて、ここまで読んできて、サブスクやクラファンの成功導入例となっている店は、自分たちの儲けだけでなく、お客様や従業員のメリットも十分に考慮して仕組みを設計していることにお気づきでしょうか。

これは決して偶然ではありません。新たな仕組みにより、飲食業は単純な「席数×単価＝売上」というブラック化しやすい構造のジレンマから自らを解放することができる。それは儲け至上主義では叶わないでしょう。自分たちにとってもお客様にとってもうれしいウィン－ウィンの仕組みを実装してこそ、結果として叶っていくことなのです。

# オペレーションや設備を活かして、イノベーションを実現する

本書では、冒頭で人手不足や人件費問題を取り上げましたが、その延長に大きな問題があります。

それが、料理人への「技術依存」です。

もちろん、修業の末に身につけた料理の腕を振るい、お客様に喜んでもらうのは素晴らしいことです。ただ、その料理人しか提供できない料理は価値であると同時に、席数や回転数を増やすことができない足枷《あしかせ》にもなります。しかし、その問題を、オペレーションや設備を工夫することによって解決しているお店があります。

ここでは、オペレーションの工夫により「技術依存」を抜け出した「400℃ PIZZA TOKYO」（ピザ・東京）、設備を最大限に活用することで新しい料理とオペレーションを実現している、「カイノヤ（CAINOYA）」（イノベーティブ・京都）を紹介します。

## ・400℃ PIZZA TOKYO――どこにでもあるもので、どこにもないピザを

ピザという料理は、基本的にシンプルな素材と高温の熱源があればどこでもつくれます。しかし、「400℃ PIZZA TOKYO」は、その〝どこにでもあるもの〟を使いながら、どこにもないピザを生み出しているのです。

通常、ナポリピザといえば薪窯《まきがま》で500℃以上の高温で一気に焼き上げるものです。しかし、この店が掲げる「400℃」は、ピザの世界では異例の〝低温〟。それだけでなく、熱源も薪窯にこだわることなく、岡山の本店では薪、「400℃ mori no machi」では電気、そして東京ではガスを使用しています。それぞれの環境に合わせた焼成方法で、ピザづくりの可能性を広げているのです。

さらに驚くべきは、伝統的な手焼きスタイルを捨て、ベルトコンベア式オーブンを採用している点です。

ピザ職人が窯の前で生地を回しながら焼き上げるのではなく、一定の温度と時間を管理しながら、オートメーションでピザが完成していく。これは単なる効率化ではなく、職人

の技術に依存しない新しいピザづくりの形を提示する試みだと思います。

そして「どこにでもあるものでつくる」という哲学は、熱源だけでなく食材選びにも及びます。岡山の地元食材を活かしたものから、あえて〝かにかま〟を使ったピザまで、ユニークな発想が随所に光っています。伝統や高級志向に縛られず、既存の価値観にとらわれないピザづくりを貫いているのが、この店の最大の魅力なのです。

では、その「低温ピザ」の仕上がりはどうか？ 見た目には厚みがあるものの、驚くほどエアリーで、噛み締めるとふんわりとした軽さがあり、咀嚼《そしゃく》の後にはもっちりとした食感が顔を出します。胃に負担を感じさせず、思わず何枚も食べてしまうほどの軽やかさなのです。

「400℃ PIZZA TOKYO」は、ナポリピザの伝統とは異なるアプローチを貫きながら、新たなピザ文化を築こうとしています。

どこにでもあるものを使いながら、どこにもない味を生み出す。つまりは、そこでしか食べられない味なのに増産が可能なのです。大きなビジネスチャンスを感じるお店です。

### ・カイノヤ――料理界に革命を起こす、進化し続けるガストロノミー

料理界には、「伝統を守る者」と「新たな価値を創る者」がいます。そして、「カイノヤ」は、間違いなく後者の最前線にいるお店です。

２００５年、鹿児島で誕生したこのレストランは、「ガストロバック」という減圧加熱調理法を駆使し、日本のガストロノミー界に革新をもたらしました。次なるステージとして京都へ移転し、ホテル内での営業を経て、現在は花園に新たな拠点を構えるなど、常に進化し続けるレストランです。

その進化の象徴ともいえるのが、ガストロバックなのです。

これは従来の圧力鍋とは逆のアプローチをとる調理技術。減圧することで食材内部の空気が膨張し、そこに旨味を浸透させます。結果として、食感はまるで生のように瑞々しく、味わいは煮物のように深く染み込みます。このガストロバックの可能性を極限まで引き出し、新たな食体験を生み出しているのが塩澤隆由《しおざわたかよし》シェフです。

ガストロバックの技術がもっとも衝撃的に、そして実にシンプルに発揮された料理の１つが、「クリスタルサラダ」。

ミネラルウォーターを低圧で野菜に浸透させることで、まるでガラス細工のように透き通った葉野菜が生まれ、見た目の美しさはもちろん、食感も従来の「シャキシャキ」という言葉では表しきれないほどに瑞々しく仕上がります。もはやサラダではなく、〝飲みもの〟に近い感覚さえ覚えるほどです。

現在のカイノヤでは、厨房設備そのものが未来を体現しているのです。

カウンターに組み込まれたＩＨ、特殊な冷凍技術、タッチパネルで操作するコンベクションオーブン。これらの最先端技術が組み合わさることで、ワンオペで20皿以上のコース料理を提供するという驚異的なオペレーションが実現できています。ここには、単なる技術革新にとどまらない、飲食業界へのヒントがあるのではないでしょうか。

「人手不足」「労働環境の課題」「高騰する人件費」――これら飲食業界が抱える問題に対して、塩澤シェフは１つの解決策を示しているように思われます。

私の目には、最先端の設備を取り揃えたカイノヤの厨房が、飲食業界の未来のように見えるのです。

# ブランドを毀損せずに「カジュアルダウン」する方法

高級レストランとして人気を博するというのは、いうまでもなく大きな成功の証です。多くのお客様に気に入っていただけて、一定の評価とポジションを確立した。そこで可能性が出てくるのは、もう少し客層を広げるために、本店とは別にカジュアル路線の店を出すことなのですが、これは要注意ポイントです。

というのも、下手にカジュアルダウンすると、せっかく一定の評価とポジションを確立した本店のブランドを毀損する危険があるからです。

コンビニとコラボした「名店プロデュース」ものなどは、その典型例だと思います。「十分に美味しいけど、本物とは違う」ということならば、本店にも来てもらうリードになるでしょう。たとえば、よくある人気店プロデュースのカップラーメンは、そういう傾向が強いと考えられます。

しかし、本店で出しているものとほとんど遜色《そんしょく》ないものをパッケージ化し、安価で提供するのはどうでしょうか。それは安売りにほかならず、せっかくのブランド価値が下がってしまいかねないのです。

実は私たちが手掛けている「ウブ」でも、ある点が議論になったことがあります。それは「デリバリーサービス」で提供するかどうか。料理そのもののカジュアルダウンではありませんが、上質なワインと一緒に料理を楽しんでいただく場であるウブとしては、その料理だけを自宅で食べられるようにするのは一種のカジュアルダウンです。

たとえば、ウブのスパゲティナポリタンが自宅でも食べられる。そうなったときに、「今日は外食しよう」という日、数ある飲食店のなかで、お客様はウブを選んでくださるか。おそらく選んでくださる方のほうが少ないでしょう。結局、デリバリーサービスはやめることにしました。

また、私たちは、高級料理のカジュアルダウン版として、和牛の牛丼のプロデュースに向けた準備を進めています。めちゃくちゃ美味しい和牛だけを使った牛丼です。そのために、日本トップクラスの肉割烹の1つ「にくの匠 三芳」をパートナーとして迎えています。

にくの匠 三芳は、滋賀・岡崎牧場の近江牛をはじめ、選りすぐりのブランド牛を扱う名店です。肉割烹というジャンルを世に知らしめた先駆者的存在でもあり、ピン（最高級）の素材を活かすだけでなく、料理としての完成度の高さを極めていることが特徴です。しゃぶしゃぶ、ステーキ、すき焼き——あらゆる牛肉料理を提供し、それぞれが専門店としても成立するレベル。きっと牛丼をつくっても、すごいレベルのものができるはず。

そんな三芳との取り組みにおいて、そのブランドを毀損しないことは極めて重要なポイントです。このプロジェクトに強い責任を感じており、慎重に議論を重ねながら進めていきたいと考えています。少なくともデリバリーサービスやテイクアウトサービスで気軽に楽しめるものではなく、その食体験がワクワクするような特別な時間になるような設計は必須だと考えています。

念のために言い添えておきますが、これはデリバリーサービスやテイクアウト自体の是非の話ではなく、個々のレストランのスタンスに合致するかどうか、という話です。ウブの洋食や和牛の牛丼では合致しないと判断したからナシとしたに過ぎず、別の店では有効なケースもたくさんあるでしょう。

つまり、お伝えしたかったのは、カジュアルダウンは慎重に考える必要があるということ。うまく設計すれば、本店は本店、カジュアルダウンした別店舗は別店舗として、成功しつづけることができるでしょう。

そんな例として、ここで紹介したいのが「富麗華《フレイカ》キッチン」（中国料理・東京）です。

### ・富麗華キッチン――ロゴの「富麗華」をカタカナに変えた理由

高級中国料理で知られる「中国飯店」グループの最上位に立つ「富麗華」。そのコースの名物料理である「チャーシュー」や「蒸し鶏」をごはんに載せた「フレイカボウル」を提供しているのが、麻布台ヒルズにある富麗華キッチンです。

富麗華がコース料理オンリーで個室がたくさんあり、店の前には高級外車がずらりと並ぶような高級店であることからすると、かなりのカジュアルダウンといえます。

富麗華キッチンができたとき、私は「これは流行るな」と瞬時に思いました。

あれほど美味しい富麗華のチャーシューや蒸し鶏が、ごはんに合わないはずがない。丼ものなど高級店ではありえないけれども、それを富麗華自ら実現して出してくれる店があるのなら、ぜひ行ってみたい。そう思う人がたくさんいるに違いないからです。

実際、開業してからあっという間に富麗華キッチンは人気店となりました。

もし、「富麗華のコースに入っている料理を、アラカルトで少しずつ安価に楽しめます」というコンセプトだったら、おそらく失敗していたでしょう。富麗華のブランドを毀損し、より安価な富麗華キッチンのほうにお客様が流れていた可能性もあります。

しかし富麗華キッチンは、富麗華の名物を使って、富麗華にはないメニューをつくった。それも、富麗華のお客様からすれば「そりゃ、美味しいに決まっているよね」と食べたくなるものであり、なおかつ、カジュアルごはんのお手本のような「丼もの」にしたことで、富麗華を知らない人にも訴求している。これが絶妙な設計だったと思うのです。

料理だけでなく、店名や看板を通じたプレゼンテーションも見事です。

まず、漢字が読みづらい「富麗華」に、カタカナ表記の「フレイカ」を添えていること。高級中国料理ならば、読みづらいくらいでちょうどいいのでしょう。しかしカジュアル路線のレストランの店名が読みづらいと、敷居が高いように感じさせてしまう恐れがあり逆効果なのです。

さらには店のロゴも、カタカナの「フレイカ」に非常にマッチしており、「お洒落だけど親しみやすい」という絶妙なところを突いています。富麗華キッチンのコンセプトをしっかりと表現しているいえるでしょう。

このロゴをデザインした小杉幸一さんという方は、実は私たちが手掛けている4店舗（鳥匠いし井ひな、鶏焼き肉 囲、ウブ、九九九）すべてのロゴもデザインしてくれたアートディレクターです。コンセプト設計の段階から入っていたことも、富麗華キッチンの成功に大きく関係しているはずです。

店名や看板が店のコンセプトを反映していなかったり、魅力的でなかったりしたら、初見のお客様を惹き付けづらい。そして入口のところで魅力を感じてもらえなければ、いくら内容がよくても、食べてもらえるチャンスを逃してしまいます。

富麗華キッチンは、高級店のカジュアルダウンのお手本であると同時に、店名や看板もまた決して侮れないということを教えてくれる一例といえるでしょう。

# まわりを巻き込んでムーブメントにする

自分の店だけでは難しくても、周囲と連携することで、新たなムーブメントを生み出すこともできます。

たとえば、近隣の同じジャンルの飲食店や商店会と協力し、地元の名物として全国に発信する戦略が考えられるでしょう。実際に、この手法で知名度を獲得した成功例は数多くあります。

「横手焼きそば」「富山ブラックラーメン」「金沢カレー」といったご当地グルメは、地元の店舗が団結しながらブランド化し、今では全国的に知られる存在となりました。さらに、「宇都宮vs浜松の餃子戦争」のように、ライバル関係を打ち出すことで話題性を高めたケースもあります。一方で、「赤羽」「京成立石」のせんべろ（1000円でべろべろに酔っ払えるような酒場）文化のように、特定のエリアの特徴を活かしながら飲食店全体を盛り上げた成功例もあります。

こうした取り組みが盛り上がれば、行政が後押しし、さらなる発展へとつながることもあります。実際に、京都府向日《むこう》市は「激辛グルメを堪能できる街」としてPRし、西日本でもっとも面積の小さな市でありながら、全国の激辛マニアを惹き付けることに成功しました。このように、市や区の協力を得ることで、単なる飲食店のプロモーションを超え、地域全体の価値を高める動きへと発展する可能性があるのです。

まわりを巻き込んで、ムーブメントを生み出すことは、地域おこしとも親和性が高く、人気店への突破口になり得ます。ここでは、そんな成功例をいくつか紹介していきましょう。


北海道余市《よいち》は「日本ウイスキー発祥の地」として有名ですが、近年、その余市で盛り上がっているのがワインづくりです。素晴らしいワインをつくるドメーヌ・タカヒコをはじめ、続々とワイナリーができているのです。ここでは「余市 SAGRA」（イタリア料理・北海道）をご紹介します。

## ・余市 SAGRA――行政と一体になって、地域に人を呼ぶ

「余市 SAGRA」は、そんな余市町内にあるイタリアンのオーベルジュ。単体のレストランとして機能しているのではなく、余市という街そのものと一体化しているかのような存在感です。ドメーヌ・タカヒコのワインを出しているほか、使っている食材も「余市産」というこだわりは、山海の恵み豊かな土地だからこそできることでしょう。

そして注目すべきは、こうした観光資源を活かそうとしている行政側の動きです。ウイスキー蒸留所やワイナリー、余市 SAGRAのような地元の名店を巡る「ガストロノミーツアー」などを、余市町の役所が率先して企画しているのです。

それぞれが個別に自身をアピールするだけでは、限界があるでしょう。そこで余市では、地域が持っているさまざまなコンテンツを組み合わせて、観光客の招致につなげようとしている。余市 SAGRAは、その象徴的なポジションにあるレストランといえます。

実際、私が参加した余市 SAGRAの食事会には、余市町の上役の方々も来られていたそうです。残念ながら私はお会いできなかったのですが、ほかの参加者とは盛んに情報交換していたと聞きました。

こうして東京から来る人たちと積極的につながり、交流する意思があるところにも、今後、一観光都市として余市をアピールしていきたいという行政の熱意を感じます。

行政や同業者などまわりと連携することで、飲食業で成功を目指す挑戦を「個人戦」から「団体戦」に変えていく。熱意の強さや動きの速さは自治体によって違うかもしれませんが、1つの方法として可能性を探ってみる価値はあるでしょう。

# 同業者と競合しない価値を探る

日本に存在する飲食店は、食べログに登録されているだけでも約87万店。自分の店とジャンルがかぶる店は、当然ながら近隣にもたくさんあるでしょう。差別化とは「言うは易し」で、実際にはなかなか難しいものです。

だからこそ、コンセプト設計やストーリー、付加価値によるブランド化が重要とお話ししてきたわけですが、もっと単純に「ニッチなところを狙う」のも1つの方法です。

たとえば営業時間で差別化する。近隣にある競合他店が開いていないニッチな時間帯に開店するということです。

もちろん「料理が美味しい」というのは大前提ですが、そのうえで「時間帯のブルーオーシャン」を開拓することで、意外なニーズを丸ごと呼び込むことができるかもしれません。

その方向性で成功している店も、現に存在します。

ここでは、「クッチーナ・アッラ・バーバ（Cucina alla Baba）」（イタリア料理・東京）と「イエロ（yelo）」（かき氷・東京）を紹介します。

### ・クッチーナ・アッラ・バーバ／イエロ――ニッチなニーズを確実に捉える

六本木にあるイタリア料理店「クッチーナ・アッラ・バーバ」は、18時開店。ここまでは普通ですが、閉店時間が深夜1時と、近隣のイタリア料理店より遅くまで開いています。つまり「深夜に美味しいパスタが食べられる」というのが1つの価値になっているのです。眠らない街・六本木という土地柄もあるのでしょう。

クッチーナ・アッラ・バーバは、2軒目、3軒目需要を見事に取り込んでおり、仕事上がりの飲食業者にも愛用されています。実は私が大好きなイタリア料理店の1つでもあります。

もう1つ挙げると、同じく六本木にある「イエロ」です。営業時間は昼の11時から深夜の2時（金・土は早朝5時まで）。そんな深夜まで、なんと「かき氷」を出しているバーなのですが、いつも行列ができているのです。

イエロは、「飲んだ後の締めはラーメン」というのが相場だったところへ、「かき氷」という新しい文化を六本木界隈に持ち込みました。

たしかな腕に、ちょっとした発想の転換というスパイスを加えることで、自店発信のブームが生まれる可能性もある。イエロはそのお手本といっていいでしょう。

## お客様の口の端に乗りやすいキーワードづくり

新しいことをするなら、口伝《くでん》されやすいプレゼンテーションが重要というのは、前にもお話ししたとおりです。特徴が1行でいい表せるくらいだと、特に、お客様の口の端に乗りやすい。それが今までの常識を覆すようなものなら、なおのこと効果的でしょう。

たとえば、「飲める〇〇」。常識的には噛んで食べるものを「飲める」と形容することで、「ありえないくらい柔らかい」とか「美味しすぎて、まるで飲むかのようにどんどん食べられる」といったことをひと言で表現しています。

ひと言で表現できるお店として、「魚力《うおりき》」（魚定食・東京）、「瑞兆」（カツ丼・東京）、「人類みな麺類」（ラーメン・大阪など）についてここで触れておきましょう。

## ・魚力／瑞兆／人類みな麺類――キャッチーなひと言で表す

魚力のサバの味噌煮は、2枚におろすのではなく半分にぶつ切りにしたサバを、なんと12時間も煮て味を染み込ませたうえで、さらに2時間ほど煮るのだそうです。ゆえに、びっくりするくらい口溶けがいい。魚力のサバ味噌を食べて、私は「飲める」シリーズは「飲めるカレー」「飲める麻婆豆腐」だけではない、「飲めるサバ味噌」もあると思いました。

料理の常識を覆すなら、「〇〇しない〇〇」というのもいいでしょう。実際、先述した瑞兆のカツ丼は「とじないカツ丼」として一気に有名になりました。人気が出すぎて、今では真似する店が後を絶たないくらいです。

高級店ではなかなか考えづらいかもしれませんが、B級グルメなどカジュアルな料理だったら、こうしたキャッチーなキーワードを付けてしまうのもありでしょう。B級グルメも日本の素晴らしい外食文化の一部であり、B級だからこそできる売り出し方がある。それは大手を振ってやればいいと思うのです。

キーワード以外だと、おもしろい店名も「売れる仕掛け」の１つになりうるでしょう。
ただし、これまでもお話ししてきたように、単なる虚仮威《こけおど》しや奇を衒《てら》うだけでは、効果は低いと思います。そうではなくて、店のコンセプトやストーリー、付加価値、あるいは店主の熱い思いなどを、おもしろく店名に反映する、ということです。

たとえば「人類みな麺類」というラーメン店があります。ご覧のとおり一風変わった店名ですが、こう名付けた背景には、「人類なら、みんな麺類が好きだよね」という店主の熱い思いがあります。その思いは、地球を軽く飛び超えてしまっています。

店主の夢は「火星のラーメン店第一号になること」だそうで、実際に「宇宙に行ったラーメンの第一号」になるべく、２０２３年11月、イーロン・マスクの宇宙関連会社、スペースＸのロケットにラーメンを載せてしまったのです。

以下、人類みな麺類を展開するＵＮＣＨＩ株式会社（社名からしてインパクトがありますが、これも戦略なのでしょう）によるプレスリリース文です。おもしろいので、前半部分を原文そのままで掲載します。

〝大阪行列Ｎｏ．１ラーメン店「人類みな麺類（大阪・南方）」を運営するＵＮＣＨＩ株式会社（本社：大阪市淀川区、代表取締役：松村貴大）は、「ラーメン食材一式」などがイーロンマスク氏率いるアメリカの航空宇宙メーカーSpX－29としても知られるスペースXCRS－29に搭載されて、11月9日8：28 EST（11月10日10：28 JST）に打ち上げられたことをお知らせいたします。打ち上げられたものは「世界初」の試みとして、半年以上宇宙空間に暴露され、2024年の5月ごろに地球に帰還する予定です。宇宙空間に暴露された食材は「宇宙でも作れる、そして食べられるユニバーサル・サスティナブルなラーメン」への挑戦の第一歩として位置付け、すでに宇宙関連事業への展開を目指す他企業とともに究極のユニバーサル・サルティナブルラーメンに着手しております。〟

いかがでしょう。これほどまでに強い思いとぶっ飛んだ発想でラーメン店をやっていることが、「人類みな麺類」というネーミングにもつながっているのです。

こんなふうに、ただ珍しいだけでなく、作り手の意図を反映した珍しい店名ならば、「なんでそのネーミング？」という当然の疑問に「なるほど！」（「すごい！」「頭おかしい？」なども含めて）という回答を与えることができます。結果として、お客様の口の端に乗りやすいというわけです。

# 第5章

# 飲食業のジレンマを解決しよう

# 「バズればいい」のか、「ずっと愛される店になりたい」のか

「バズればいい」のか、「ずっと愛される店になりたい」のか。

近年、「有名店」をつくるのはそれほど難しくなくなってきていると思います。これほどSNSが広まり、そこでのマーケティング法も研究し尽くされている。いってしまえば、「映える」写真が撮れれば、一定の露出という意味では成功するでしょう。

ただし、問題はそこです。単に「映える」料理や空間を提供して、多くの人に写真を撮ってもらってSNSで拡散してもらえたらいいのか。SNSでバズって瞬間的に有名になることを目指しているのなら、それで大成功といえるでしょう。

でも、瞬間的に人気が出るよりも、ずっとお客様に愛される繁盛店をつくりたい、「美味しかったから、また絶対に行こう」と思ってもらえる店にしたいということなら、だいぶ話は変わってきます。これは良し悪しの問題ではなく、飲食業を営む人間として何を目

指したいのか、ということです。私も常に自問自答しています。

ずっと愛される繁盛店に直結するＳＮＳマーケティングについては、正直、まだみんな試行錯誤なところがあると思います。どんどん流れていく情報の渦のなかで、瞬間的にバズる以外の売り方は、引き続き考えていく必要があるでしょう。

それでもなお、ずっと愛される繁盛店をつくるうえで大事なことは明確ですし、不動といっていいと思います。

それは本書でもずっとお話ししてきたように、「一本筋が通っている」こと。

コンセプトが隙なく設計されている、店主の思いや経歴に裏打ちされるストーリーがある、ブランドになりうるような付加価値があるなど、形はいくつか考えられますが、何であれ首尾一貫しており、お客様に対して説得力があることです。

世に飲食店は数多あり、「今日はこの店で食べよう」と選んでもらえるのは、もしかしたら奇跡に近いことなのかもしれません。私たちも含め、飲食業を営むすべての人たちが、毎日、そんな奇跡を起こそうと奮闘しているわけです。

そのなかでは、旧来の飲食業の常識や世相の変化などでジレンマを感じたり、ターゲットや価格設定などで迷ったりすることもあるでしょう。

最終章となる本章では、そのあたりを考えてみたいと思います。

# 外食好きは2つの「村」に分かれている

飲食店をやっていくには「値付け」も重要です。

「いくらで売るか」――これを「何となく」ではなく意図的に設定するには、まずターゲティングを考える必要があるでしょう。つまり「誰に売るか」が見えてくると、「いくらで売るか」、さらには「どれくらいの規模の店にするか」なども見えてくるわけです。

飲食業も、いってみれば「料理」というものを売る販売業でもありますから、これらのことは当然のごとく検討しておかなくていけません。

ここからは私の見立てになりますが、かなり乱暴にいえば、外食好きのお客様は大きく2つに分類できます。

1つは「高くても美味しいものを食べたい」という人たち、これを仮に「グルメ村」と呼びます。もう1つは「コスパのいい美味しいものが食べたい」という人たち、こちらは仮に「コスパ村」と呼ぶことにしましょう。

グルメ村のなかを詳しく見ると、さらに「スタンプラリー感覚で有名店を巡っているミーハー層」と「一定のリテラシーをもって美食を極めようとしているフーディー層」などがいますが、いったんはひとくくりで考えます。

このうち、「どの村に当てるか」によって「何をいくらで売るか」が変わってくるのです。たとえば、カウンター10席未満、単価5~10万円の高級フランス料理店が予約困難店になる理由の1つは（料理が美味しいことは大前提として）、「値段に見合った規模」だからといえます。

なぜなら、これほどの単価を納得して支払えるグルメ村の住人は、せいぜい500人か1000人程度しかいないからです。もし、この店が50席くらいの規模の店だったら、まず連日満席は難しいでしょう。

5~10万円という単価にマッチするのは、住人500人くらいのグルメ村であり、そのグルメ村の人たちだけで店を続けるには、カウンター10席未満が妥当というわけです。

もう1つ、たとえ話をします。

日本料理の名店として知られる店の大将が「ラーメン店」を始めたとします。

最高級の昆布とかつお節でとった合わせ出汁、最高級のしょうゆ、最高級の豚肉でつくったチャーシューに最高級の卵でつくった煮卵と、材料にこだわりまくってつくった結果、1杯2500円のラーメンになりました。

さて、このラーメン店は流行るだろうかと考えてみると、かなり難しいでしょう。

ラーメン店を繁盛させるには「コスパ村」、もっといえばコスパ村のなかの「ラーメン村」の人たちに響かなくてはいけません。

たとえば、ラーメン村の人たちの多くは、ラーメンは高くても1000円という壁を設定しています。そこに「2500円のラーメン」を持ってこられても、「高い」という判断にならざるを得ないわけです。

「日本料理の名店の大将が生み出した、すべて最高級の材料でつくった至高のラーメン」といったストーリーも、ここでは、おそらく効き目がありません。

なぜなら、ラーメン村の人たちは、1000円でものすごく美味しいラーメンがあることを知っているからです。また、ラーメン村の人たちはグルメ村の住人ではないので、「日本料理の名店の大将」という部分も別世界の話であり、響きません。

つまり「日本料理の名店の店主が生み出した、すべて最高の材料でつくった至高のラーメン」というストーリーがあっても、ラーメン村の人たちにとって「ものすごく美味しい1000円のラーメン」にプラス1500円も支払ってまで食べる動機にはなりにくいのです。

もちろん、その日本料理の名店を知っているグルメ村の人たちには響くでしょうが、そもそも彼らはラーメン村の住人ではなく、あまりラーメン自体には食指が動かない人かもしれません。それに、先ほど触れたように「スタンプラリー感覚」の人もいるので、試しに1回行ってみるくらいでしょう。

となると、この1杯2500円のラーメン店は、同業態の相場として1日100食ほど売るとして、単純にいえば5日でお客様が枯渇してしまう計算になります。

今の話は、あくまでも「仮に」でしたが、ラーメン村の人たちに愛されないラーメン店は、そんな末路を辿る危険が大きい。高級店と同じ感覚でカジュアル路線の料理をつくると、本当に響かせなくてはいけないターゲットに響かない恐れがあるのです。

ターゲティングと値付けは重要です。長く愛される店にしたいのであれば、どの「村」の人たちに来てもらいたいのか、そして「何を、いくらで売るか」がすべてマッチしているかどうかを、慎重に検討することが欠かせません。

# アルコール、ノンアルコールの付加価値問題を考える

飲食店の利益構造は、一般的に料理よりアルコールの比重のほうが大きくなっています。腕を振るった料理を食べていただくのはもちろんですが、それなりにお酒を飲んでいただかないと利益としては厳しい。

原価に相応の利益を上乗せした値付けになっていることは、お酒ならばお客様も納得している一方、ノンアルコール飲料ではそうはいかないという事情もあるでしょう。

それに、利益「額」も重要です。仮にアルコールとノンアルコールとで原価に対する利益「率」は揃えたとしても、ワインならボトル1本で数万円の利益額になるところ、烏龍茶やジュースでは、いくらたくさん出ても数千円の利益額に留まってしまうわけです。

ソフトドリンクは安いもの、特にお茶に関しては「ただで当然」という固定概念が根強く残っています。そんななか、原価150円の烏龍茶やジュースに2000円を付けるの

は容易ではありません。

そうなると、店側としては、やはり「お酒を召し上がるお客様のほうがありがたい」ということになってしまう。しかし、体質的にお酒が飲めない人などを排除するような店ではありたくない。そのあたりで悩んでいる飲食店は多いのではないでしょうか。

ただ、やりようによっては、アルコールに匹敵するくらいの利益を確保できるよう、ノンアルコールに付加価値をつけることも可能です。

たとえば、上質な茶葉を仕入れ、注文ごとに丁寧に淹《い》れるお茶をメニューにできれば、アルコールに匹敵する利益率および利益額を確保することも現実的です。

現に近年では、ティーペアリングなどノンアルコールペアリングを提供する飲食店も見かけるようになっているので、「アルコールを売らないと儲けが出ない」という利益構造も過去になりつつあるとは感じます。

ただ、こうしたことをするにも課題はあります。

お茶という未知の世界について学ぶコスト、仕入先を開拓するコスト、さらには首尾よくメニューに加えられたとしても、お茶が加わることによるオペレーションの増加というコスト、そのために人を新たに雇うとしたら人件費の増加もついてきます。

そして先ほども述べたように、「ソフトドリンクは安いもの」「お茶はタダで当然」という固定概念が根強いなか、それなりの値付けに納得していただくためのコンセプト設計やストーリー構築という課題。

ノンアルコールのお客様にも満足してもらい、なおかつ利益を確保するために、そこまでの時間的、人的、その他のコストをかけるか――これは、飲食店ごとの考え方によるでしょう。非常に難しいところです。

とてもセンシティブな話なので書き方に迷うのですが、私としては、より多くのお金を費やしてくれるお客様が、より優遇されるという文化が、飲食でも広がったらいいのかもしれないという思いもあります。

考え方は飛行機のファーストクラスと同じです。

エコノミークラスの値段で飛行機に乗れるのは、その何倍ものお金を払っているファーストクラスの乗客がいるからです。もし料金を平らにならしたら、従来のエコノミークラスの料金よりもずっと高くなり、払えない人が出てきてしまうでしょう。

高額料金を払える人は、その額を払う代わりに、より手厚いサービスを受ける。そうでない人は、よりリーズナブルな料金を払って普通のサービスを受ける。このように、受けられる待遇は支払う対価に比例するという棲み分けが、飲食店でもあっていいのではないかと思うのです。賛否は分かれるでしょうが……。

あるいは、ノンアルコールのお客様もみんなウェルカムにして、店の評判につなげるというのもひとつの考え方です。

「すごく美味しかったし、お酒を飲まなくても嫌な顔をされなかった」という口コミも含めて店の評判が広がり、人気店になる。そうすればやがてはアルコールもたくさん召し上がるような客単価の高いお客様にも来てもらえるようになる。長い目で見れば有効策でしょう。

他方、アルコールによるマネタイズも決して安易には考えられません。そこでも、やはりコンセプト設計にブレがないか、一貫したストーリーが成立しているかが問われます。

一例を挙げると、近年、ワインを出す寿司店が増えてきました。

ワインをボトルで出して利益を上げたいという考えもあるのでしょう。でも、それだけではワインを飲む動機につながりにくい。お客様に「ここでワインを飲んでみたいな」と思ってもらえるような材料・根拠が必要なのです。

その点でしっかりしていると感じるのは、第2章で紹介した「めい乃」です。店主の幸後さんはフランスでワインを学び、ソムリエ資格も取得しています。そして、めい乃に足を踏み入れたとたん、目に入るのは堂々たるワインセラーに立ち並ぶ高級ワインたち。となれば、幸後さんが握る寿司と、幸後さんが選び抜いたワインのマリアージュを味わってみたいと思うほうが、むしろ自然な人間心理でしょう。

# 「変わらないこと」の価値がある

料理人のなかには、「常に新しい料理を追究しなくてはいけない」などと思い悩んでいる人もいるかもしれません。

近年流行りのガストロノミーの影響もあるのか、「新しいことをやらないと飽きられてしまう」「そろそろお客さんが飽きただろうから、新しいことをやらなくては」などと考えたことはありませんか。

あるいは、本当のところ、自分自身が飽きてしまって新しいことをやっている、という料理人もいるかもしれません。

それぞれの思惑はどうあれ、ブランディングの観点から私自身の考えをお話しすると、店ごとに「変わらないよさ」があるのではないかと思います。

ずっと同じスペシャリテを出していても、それが好きで通ってくださるお客様は決して飽きることはないでしょう。むしろ変わったら、がっかりされてしまうかもしれない。実際、素晴らしいスペシャリテがなくなり、大好きだった店から足が遠のいてしまった経験は私にもあります。

それに、スペシャリテの評判を聞きつけて訪れる新規のお客様もいるはずです。つまり「変わらないもの」は店の代名詞として、最大の「宣伝隊長」になってくれる可能性があるのです。

1つのスペシャリテの存在が店のコンセプト、ストーリーを自ずと物語るものならば、なおのこと大事にすべきです。そんな最大のコミュニケーションツールをコロコロと変えてしまうのは、もったいないというものでしょう。

その点で再度、挙げたいのは、第2章で紹介した「チウネ」です。

チウネの料理は決して安くはありません。しかも、コースの内容は大きくは変わらない。今日は、今月は、何を出そうかといつも頭を悩ませている料理人からすれば、考えがたいことでしょう。でも、そのチウネが予約困難店なのです。

私もチウネのファンの一人ですが、そこまで人気を集めているのはなにゆえだろうかと改めて考えてみると、こういうことではないかと思います。チウネは、要するに1つの

「ジャンル」になったのです。「焼き鳥が食べたい」「お寿司が食べたい」、これと並んで「チウネが食べたい」というように。

焼き鳥店に行くたびに「つくね」を出されて、「前回も食べた」と文句をいう人はいないでしょう。寿司店に行くたびに「マグロのにぎり」を出されて、「前回も食べた」と文句をいう人もいないでしょう。

同じく、チウネに行くたびに同じコース内容でも、「前回も食べた」と文句をいう人はいない。それが「チウネ料理」であり、みな、それが食べたくて行っているからです。しかも、世に焼き鳥店も寿司店も数多あれど、チウネは1つしかないのだから、なお最強です。

これが「ジャンルになる」ということ。飲食店の1つの究極形といえますが、とことん突き詰め、ほとんど変えようがないまでに練り上げたら、この域に達する光明も見えてくるかもしれません。

# アイデアの源はどこにあるか

「食べログ」のようなレビューサイトの普及もあり、特に現代は、よくも悪くも「口コミ」で評判が広がる時代です。飲食店を営む側としては、その効果を「利用」させてもらわない手はないでしょう。

今までにもお話ししてきたとおり、いかにお客様の「口の端」に乗せるか。「料理が美味しい」だけでなく、一気通貫したコンセプトにストーリー、ほかにはない付加価値など、話したくなるような材料があれば、お客様は勝手に話してくれるのです。

結果としてそうなれば、どういう順序でもいいでしょう。出発点は何であれ、最終的にお客様に響き、その口の端に乗るようなプレゼンテーションができればいいわけです。

料理人だったら「めちゃくちゃ美味しい料理ができた」から始めてもいいですし、私のように、料理人ではないけれどもコンセプトを組み立てるのは得意というオーナーなら、

「ウブだったころに食べていた料理」などアイデアから始めればいい。

それはマーケティングに長けた広告代理店出身者だからできること、という反論もあるかもしれませんが、私はそうは思いません。

たしかに私の場合は、広告代理店で鍛えられた発想法が活きているとは感じます。

しかし一番大事なのは、世のなかにも広く目を向けつつ飲食について考えてみることであり、それは経歴に関係なく、意識すれば誰にでもできることだと思うのです。

飲食業にいるからといって、飲食業の理《ことわり》だけで考えていても、アイデアは生まれにくいでしょう。

たとえば今、世のなかでは何が流行っているのか。他業界では、どんなマネタイズの仕組みが成功しているのか。アイデアを得るには、メディアを通じて、あるいは街中を歩いているときにも、あらゆる情報に対して意識が開かれていることが、まず重要です。

私はよくスタッフから、「見冨さんと街を歩いていると、立ち止まったり寄り道ばかりで時間がかかって仕方ない」といわれます。気になったら無視できないタチで、しょっちゅう予定外の行動を取る。じっとして考えるというよりは、動きながら考えるタイプです。我ながら落ち着きがないなあと思います。

でも、それこそが私の発想の源なのです。気になったことを調べたり、実際に体験してみたりする。そこでもし新しいプロジェクトのアイデアが浮かんだら、すぐにスタッフに共有して、企画書の草案をまとめるように指示を出します。これが日常茶飯事なので、スタッフは大変だと思いますが……。

すでにお話ししたように、現在、私たちは「鳥匠いし井ひな」「鶏焼き肉 囲」「ウブ」「九九九」の4店舗を運営していますが、企画段階のプロジェクトはたくさんあります。

いわばゲームの手札がたくさんあるような感じで、時期や資金、場所、人材、世相などもろもろの条件がそろえば、すぐにでも動き出せる状態です。次はどのアイデアが実現できるだろうかと考えると、ワクワクしてたまりません。

飲食業は今なお可能性だらけで、作り手の発想次第で、どんどんおもしろくなるでしょう。そんな業界にいることで感じられるやりがいや喜びも、ぜひ共有できたらと思いながらこの本を書いてきました。

# いいアウトプットには、いいインプットがついてくる

本書では、飲食業者も積極的にプレゼンテーションすべき時代であると述べてきました。店のコンセプトや料理に対する思想や哲学を言葉にして語る。それが首尾一貫しており、説得力に満ちたものであれば、お客様の口の端に乗りやすくなる、というわけですが、実はもう1つメリットがあります。

それは、自ら質の高いアウトプットをしていると、向こうから質のいいインプットが飛び込んでくることがあるということです。

たとえば、「当店では無農薬の国産野菜を使っている」というこだわりを日ごろ語っていると、同業者やお客様から「この農家さん、知っていますか？　よかったら紹介しますよ」など耳寄りな情報が入ってくるという具合です。

また、いいアウトプットのために真剣に仕事に向き合っていると、不思議と求めている

情報が入ってくることもあります。発信すると同時に、「聞く耳」を持つことも重要なのです。

つい先日もこんな出会いがありました。愛媛県今治《いまばり》市の、あるレストランで食事をしたときのこと。ごまを使った料理を出されたときに「国産のごまです」と説明されたので、思わず「喜《き》界島《かいじま》のごまですか？」と聞くと、「今治産です」とのこと。驚きました。というのも、日本国内で流通しているごまはほとんどが外国産で、国産は0・1％程度、その大半が鹿児島県の奄美群島の1つ、喜界島という島で生産されているからです。

そのころ私たちは、ちょうど「九九九」のスペシャリテとして、「希少な国産ごまを使った和菓子」を検討していました。国産のごまを仕入れるには喜界島しかないと思っていたところに入ってきた、「今治産もある」という情報。さっそく、シェフに紹介してもらって生産者に連絡したのはいうまでもありません。

このケースでは「国産ごまがほしい」という強い思いが、たまたまレストランで出された「国産ごま」に反応し、有益なインプットにつながったわけです。何かについて真剣に考え抜いていると、こういうことも起こるものだと改めて思いました。

また「鶏焼き肉 囲」では、常連のお客様に示唆されて、タレの味を再検討したことがあります。

その方によると、あるお気に入りの店のタレと比べて、当店のタレは「美味しいけどパンチが足りない」とのこと。その店はタレの通販をしていることがわかったので、さっそく取り寄せました。

味見してみると、たしかに、にんにくのパンチが効いていて甘辛い。それはそれで美味しかったのですが、当店の鶏焼き肉には甘すぎると判断し、変更はしませんでした。でも「こういうのが好きな人もいる」と知れたのは大きな収穫だったと思っています。

店をやっていると、ほかの店の情報には疎くなりがちではないでしょうか。自分の店の営業があるから、そう頻繁に他店に食べに行く機会もありません。

お客様のほうがよほど、たくさん食べ歩いていて情報が多い。だからお客様が親切にも教えてくださることは、ひとまず謙虚に受け止めようと思うのです。

自分の店、料理における思想・哲学は大切です。

しかし、それらを守ることは、それらに固執して別の観点や意見に耳を塞ぐことと同義ではありません。よほどの「孤高の天才」でもない限り、情報をシャットアウトするほどに成長曲線は鈍くなると思います。

本質は変わらずともアップデートできる可能性は常にあるわけですから、やはり謙虚に「聞く耳」を持つこと。それを取り入れるかどうかは聞いた後の選択であり、新たなインプットには常にオープンであったほうが有益でしょう。

# 膨大なインプットと「3まくる」で商機を探る

私は8年前に飲食プロデュースの会社を興し、前述のように現時点で全4店を経営するに至ります。

なぜ、ここまで来られたかと考えてみると、1つには日ごろ膨大なインプットをしているからかもしれません。私にとっては目に入るものすべてが興味関心の対象であり、常に「これは飲食業に応用できるだろうか」という思考が回っている気がします。まるで仕事中毒……というか、何より飲食の仕事が好きだからなのです。

ただし、いくらこの仕事が好きで、アイデアは尽きないとはいえ、私ひとりでは何事も成しえません。アイデアを形にするために、有能なスタッフをはじめ、本当に多くの方々の力を借りています。

そこで私が常に心がけているのが、次の「3まくる」です。

まず、アイデアが浮かんだら、まわりの人たちに「話しまくる」。人に自分の考えを話し、人の考えを取り入れることで、最初はほんの思いつきだったことがどんどん発展し、実現可能性を帯びていくことがよくあります。

また、実現に向けて課題にぶつかったら「相談しまくる」。新たなチャレンジには課題がつきものです。それこそ自分ひとりでは解決できないので、いろんな人に相談しまくることで、たいていは解決のヒントが見つかります。

そしてもう1つは、一緒にやってくれる人を見つけるために「提案しまくる」。みなさんもよくご存じのとおり、飲食の仕事はいろんな力が合わさって初めて成立します。特に私は料理人ではないので、新しい店を始めるには、コンセプトを理解し、共感してくれる料理人を探さなくてはいけない。その他、ファイナンス面も含め、最高の飲食店の実現に向けて一緒に働ける人を確保するには、提案しまくるのが一番です。

このように、私の場合は自分ひとりで何とかしようとするのではなく、とにかくアウトプットしまくり、人の意見を聞いたり協力を取り付けたりしながら、1つひとつ形にしてきたところが大きいのです。

たとえば、「ウブ」のカウンター席の正面には、1930年代から直近の人気マンガの第1巻が飾られています。実はこれ、当初は「料理本」にしようと考えていました。

なぜなら、「夜遅くに仕事が終わる料理人が、ほっとする料理を食べに来られるような店」というのも企画趣旨に含まれていたからです。料理だけでなく空間でも料理人をエンターテインするには、料理本を並べたらおもしろいのではないか、という考えでした。

このアイデアに意見をくださったのは、ZOZO創業者であり、株式会社カブ&ピース代表取締役の前澤友作さんでした。

「それ、本当にお客さんのことを考えてやろうとしてる？　『料理人に来てほしいから料理本を並べる』って短絡的じゃない？　料理の仕事上がりの人が、一日の終わりに食事をしながらワインでも飲もうっていうときに、料理本を読みたいなんて思うかな？」

そういわれてハッとしました。お客様に喜んでもらいたくて考えていたはずのことが、いつの間にか独りよがりになってしまっていたようです。かっこいい料理本が並んでいる風景を、何より私が見たい――そんな自己満足的な発想もあったかもしれません。

店のコンセプトに立ち返って再検討しました。「ウブ」は、「自分がウブだったころに好きだった料理を食べられる店」。このコンセプトにマッチするものは何かと考えたときに、「自分がウブだったころに読んでいたもの＝マンガ」が思い浮かんだのです。

ただ、マンガを並べてかっこいい空間になるというイメージが湧きませんでした。あくまでも大人のための場所にしたかったので、がちゃがちゃとしたマンガ喫茶のような棚にはしたくない。この新たな課題にぶち当たったときに紹介されたのが、ブックディレクターの幅允孝《はばよしたか》さんでした。

ヒントは幅さんの過去のお仕事のなかにありました。

伊勢丹の案件で、デパート内のイベントスペースに設置された本棚に、人気マンガの「第一話」と「最終話」が掲載されている『少年ジャンプ』を並べてある写真を見てピンときたのです。

幅広い年代のマンガを並べるといっても、全巻を並べようと思ったらスペースがいくらあっても足りません。ならば「第1巻」だけ並べるのはどうか。

すると、お客様が「ウブ」だったころに食べていた料理、「ウブ」だったころに読んでいたマンガ、さらには漫画家が（あるいは作品が）まだ「ウブ」だったころの第1巻——というように、すべてが店のコンセプトである「ウブ」に紐付きます。

ありがたいことに、「ウブ」の店内をご覧になった方は、決まって「うまいことを考えましたね」と褒めてくださるのですが、「人気マンガの第1巻を並べる」という着想の源は幅さんだったのです。

このような例は挙げだしたらキリがありません。すべては人に「話しまくる」「相談しまくる」「提案しまくる」、これらを繰り返すことで実現してきたのです。

# 料理人は職人でありアーティストだ！

日本では、料理人に対して「慎ましくあれ」という文化が、まだまだ根強い気がしてなりません。これも先に述べましたが、ＩＴ企業の社長が高級外車に乗っていても当然のように考えるのに、それが素晴らしい寿司店の大将になると許されないような風潮がある。

日本の最高レベルの寿司職人は、イコール世界最高レベルの寿司職人です。だったら相応の収入を得ていて当然ではないでしょうか。寿司職人はもっともわかりやすい一例であり、もちろん、どのジャンルの料理人にも同じことがいえます。

飲食業が憧れの職業になるには、このあたりの一般的な認識が変わる必要があるでしょう。「料理で名を上げたら、もれなく収入もついてくる」というのが当たり前の世のなかになってほしいと願うばかりです。

優れた料理人は、その手で素晴らしい料理をつくり出す特級の職人です。

そして優れたアーティストでもある。しかも、絵画や彫刻といった芸術品をアーティストが生み出している現場に居合わせるチャンスは、そうそうありませんが、料理という芸術作品の場合はリアルタイムで味わえます。そのとき、その場で生み出される芸術を享受できる、そんな贅沢を提供しているのが料理人なのです。

したがって、芸術作品の値段を決めるのが絵の具やキャンバスといった材料費ではないように、料理の値段を決めるのは原価ではないはずなのです。

ただし、店側がそう考えて高めの価格設定にしても、その根拠が納得できるものとしてお客様と共有されていなければ、「よくわからないけど高い店」という評価になりかねません。そして「よくわからないけど高いもの」にお金は出せないので、当然ながら客足は遠のいてしまうでしょう。

ここで思い出される残念なエピソードがあります。

世界一のレストラン「ノーマ」が、東京に試験的に出店した姉妹店「イヌア」。その単価5万円のコースのメイン料理は「エノキ」だったそう。これが「ぼったくり」だとして批判されたという声を聞いたことがあります。

なぜ批判されたかといえば、エノキなんて安い食材をメインに据えたからでしょう。その料理にどれだけの手順や技術が費やされていても、食材の「原価率」に見合った値段かどうかで考えてしまう。メインは高級食材でないと、やはり納得できない。つまりは、そういう人が存外に多かったということでしょう。

私はイヌアには行けずじまいだったのですが、ノーマで涙が出るほどの食体験をさせてもらった記憶は未だに色濃く残っています。

だからエノキの料理にも、きっと何かしらのコンセプトやストーリーがあったはずだと思うのです。食べていないので何ともいえないのですが、安価な食材を使ったことに批判が集まったというのは、とても残念な話だと思いました。

見方を変えれば、料理の価値がお客様と共有されていないと、思わぬ批判につながる可能性があるということでしょう。

現に、本書の第2章でも紹介した「ヴィラ・アイーダ」では自家栽培の野菜を使用しており、コース料理のメインも野菜が主役です。それでも、「アイーダの料理が食べたい」というお客様が空席待ちの列を成している人気店なのです。

本書でお話ししてきたような一貫したコンセプトやストーリー、ほかにはない付加価値があることがお客様に理解されて、ようやく原価率など論外の、芸術作品に比肩する値付けが可能になるということでしょう。

そして、そのためには、お客様に気づいてもらえるのを待つのではなく、こちらからプレゼンテーションする必要がある。というわけで、本書でずっとお話ししてきた「これからは飲食店も積極的にプレゼンするべき時代」という話につながるのです。

優れた料理人は職人でありアーティスト。

この点にはどうか自信を持ってほしいと思います。

そのうえで、どうしたら職人としての価値、アーティストとしての価値をお客様に伝えられるか。飲食業の明るい未来のためにも、そのあたりを、より戦略的に考えてみてもらえたらうれしく思います。

# おわりに

最後まで読んでいただき、ありがとうございました。
ご紹介した1つひとつのお店に、哲学や情熱、こだわりがあることがおわかりいただけたのではないでしょうか。

私にとって、飲食店は単に食事をする場所ではありません。人生の学校のような場所です。驚くほど美味しい料理、さりげない気遣い、シェフとの何気ない会話、そして何よりも、飲食店のみなさんの料理にかける情熱に触れることで、私は人間として大きく成長させていただいたと思っています。

冒頭部分で、人材不足など厳しい話もしましたが、やはり私は飲食業界には大きな可能性があると信じています。自ら4店舗を運営するようになり、その想いは強くなっています。飲食業界の可能性については、ここまで読んでいただいた読者のみなさんにもわかっていただけたのではないかと思います。

本書を執筆するにあたり、紹介させてもらったお店をはじめ、多くの方々にお力添えをいただきました。本当にありがとうございます。

この本がいつもお世話になっている飲食店のみなさんへの恩返しになっていれば、うれしく思います。また、飲食業界の方だけでなく、ほかの業界で活躍されているみなさんにとっても、何かしらのヒントになれば、私にとって無上の喜びです。

実は、紹介しきれなかったお店がたくさんあります。泣く泣く割愛したお店も数知れません。独自のコンセプトを際立たせた素晴らしいお店が、全国にはまだまだあるのです。読者特典も用意しています。紹介したいお店の一握りですが、ぜひ、楽しんでもらえたらと思います。

そして、気になるお店があったら、ぜひ足を運んでみてください。

きっと、そこには新しい世界が待っているはずです。

カバーデザイン
クロスメディア・パブリッシング

編集協力
福島結実子

読者特典

# 「こんな店があったのか！」珠玉の100店リスト限定公開！

以下のQRコードから、著者が厳選した
100のお店のリストがダウンロードできます。

https://cm-publishing.co.jp/benefit/541079/9784295410799.pdf

※ 特典の配布は予告なく終了する場合がございます

[著者略歴]

**見冨右衛門（みとみ・えもん）**

クリエイティブディレクター／レストランプロデューサー／グルメ活動家
株式会社はらぺこ代表。レストラン経営やプロデュースを中心に、クラフトビールや茶などの開発まで行う。また、グルメをコンテンツにした企業向けのソリューションビジネス（広告制作、コンテンツ開発、イベント等）を展開。さらに、ラジオや雑誌等のメディアで全国のグルメ情報を発信中。延べ1万1000軒を超える飲食店へ訪問し、そのすべての食事履歴をカレンダー方式で紹介するグルメサイト「食べある記」を運営。

---

# 一流飲食店《いちりゅういんしょくてん》のすごい戦略《せんりゃく》
# 1万1000軒《いちまんいっせんけん》以上《いじょう》食《た》べ歩《ある》いた僕《ぼく》が見《み》つけた、
# また行《い》きたくなるお店《みせ》の秘密《ひみつ》

2025年4月1日　初版発行
2025年7月18日　第2刷発行

著　者　見冨右衛門（ミトミえもん）

発行者　小早川幸一郎

発　行　株式会社クロスメディア・パブリッシング
〒151-0051 東京都渋谷区千駄ヶ谷4-20-3 東栄神宮外苑ビル
https://www.cm-publishing.co.jp
◎本の内容に関するお問い合わせ先：TEL（03）5413-3140／FAX（03）5413-3141

発　売　株式会社インプレス
〒101-0051 東京都千代田区神田神保町一丁目105番地
◎乱丁本・落丁本などのお問い合わせ先：FAX（03）6837-5023
service@impress.co.jp
※古書店で購入されたものについてはお取り替えできません

印刷・製本　株式会社シナノ

 ISBN978-4-295-41079-9　C2034